Hansekogge in Sicht

Die UBENA VON BREMEN im Hafen von Burgstaaken auf Fehmarn

Peter Pospiech

HANSEKOGGE IN SICHT

UBENA VON BREMEN zeigt Flagge

Mit 133 Abbildungen

Edition Falkenberg

Inhalt

Inhalt

Grußwort

Als im Jahr 1987 der Verein Hanse Koggewerft e.V. vom Bremerhavener Kapitän Gerhard Bessau mit dem Zweck gegründet wurde, die Bremer Hansekogge von 1380 nachzubauen, ahnte keines der Gründungsmitglieder, dass eine Emder Crew einmal im Jahr die zentralen Gedanken des Hansetums weitertragen würde und bei Ausübung traditioneller Seemannschaft eine Idee von dem harten Leben an Bord eines mittelalterlichen Seglers erfahren sollte.

Gebaut, um Kenntnisse über die Navigation und Segeleigenschaften der mittelalterlichen Koggen zu erlangen, empfindet man den Wagemut und die Risikobereitschaft der mittelalterlichen Seefahrer nach, und erkennt, dass verantwortliches Handeln sowie Solidarität untereinander beste Voraussetzungen für das Funktionieren einer guten und erfolgreichen Schiffsbesatzung sind. Man erlebt, dass Traditionspflege und Weltoffenheit, Engagement und Understatement keine Gegensätze sein müssen, sondern Grundsätze für das gemeinsame Tun und Lassen einer menschlichen Gemeinschaft darstellen, nicht nur an Bord.

Jede unserer Reisen seit 1992 hätte es verdient, in einem Buch veröffentlicht zu werden. Die Ereignisse an Bord, die Erlebnisse in den vielen Häfen und die Begegnung mit interessierten Gästen bleiben als wertvolle Erfahrungen in unserer Erinnerung. Es war nicht immer einfach, Kälte, Wind und Regen zu trotzen und bei stark rollendem und stampfendem Schiff seinen Mann zu stehen. Aber es lohnte sich jedesmal, durchzuhalten und den Gefahren der See die Stirn zu bieten. Nach überstandener Gefahr in einen sicheren Hafen einzulaufen ist unbeschreiblich, und dieses Gefühl gibt Selbstvertrauen.

Ich danke meiner wundervollen Crew für all die schönen und erlebnisreichen Fahrten und hoffe auf möglichst noch viele gemeinsame Stunden an Bord unserer Kogge.

Dr. Bernd Bessau sei gedankt für die nicht immer einfache Organisation der Reisen, unserem Chief Peter Pospiech danke ich für seinen spannenden Reisebericht mit den vielen nützlichen Informationen rund um Seefahrt und Küste.

Hans-Joachim Möller
1. Vorsitzender Hanse-Koggewerft e.V.

Grußwort

Kurz nach Indienststellung der Kogge übernahm eine Emder Crew erstmals das Schiff, um es unter Führung von Kapt. Hans-Joachim Möller den Ostfriesen vorzustellen. Die UBENA VON BREMEN war eine der Hauptattraktionen der Emder Matjestage des Jahres 1992. Viele Besucher – aus der Seehafenstadt wie auch aus der weiteren Umgebung – nutzten die Gelegenheit, erstmals eine leibhaftige Kogge zu besichtigen. Inzwischen ist die UBENA mit ihrem auffallenden wuchtigen Mast in vielen Häfen bekannt und gern gesehen. Auch wenn es inzwischen eine Reihe von Nachbauten dieses im 13. und 14. Jahrhundert wichtigsten Schiffstyps gibt, genießt sie bei den Besuchern immer noch eine Sonderstellung. Dies mag nicht nur an der Gastfreundlichkeit der Crews, sondern auch an den stets frisch gezapften Bieren liegen.

Die Fahrt nach Emden wurde dank kräftiger achterlicher Winde, die das gewaltige Segel aufblähten, bei strahlender Sonne in Rekordzeit absolviert. Die 14-köpfige Crew genoss jede Minute dieser eindrucksvollen Reise. Ohne größere Diskussionen stand schnell fest, dass der Koggetörn fester Bestandteil der Jahresplanung sein würde. Inzwischen hat die Emder Crew über zwanzig Reisen in Ost- und Nordsee absolviert, u.a. Bornholm, Fünen und Seeland umrundet und sogar Riga angelaufen.

Die Kogge ist seit den ersten Tagen perfektioniert worden. So vermisst der ein oder andere nach Einbau des Bugstrahlruders die früher bisweilen herrlich chaotischen Anlegemanöver.

Die großartige Kameradschaft an Bord – trotz der oder gerade wegen der unterschiedlichen Charaktere, Berufe und Lebenssituationen – schafft eine einzigartige, fröhliche Grundstimmung, zu der jeder das Seine beiträgt, und die Kogge für einige Tage Lebensmittelpunkt wird. So beginnt am Ende einer Reise die Planung für und die Vorfreude auf den nächsten Törn. Warum dies so ist, mag der Leser dem vorliegenden Buch unseres Chiefs Peter Pospiech entnehmen können und vielleicht sogar Lust bekommen, selbst einmal das Abenteuer Kogge zu erleben.

Bernd-Rüdiger Bessau
Reiseleitung

Wenn Du ein Schiff bauen willst,
so trommle nicht Männer zusammen,
um Holz zu beschaffen,
Werkzeuge vorzubereiten,
Aufgaben zu vergeben
und die Arbeit einzuteilen,
sondern lehre die Männer
die Sehnsucht nach dem weiten endlosen Meer.

Antoine de Saint-Exupéry
(zugeschrieben)

Der Koggefund im Oktober 1962 war eine Sensation …

Vorwort, oder: Wie es dazu kam, eine Hansekogge zu bauen

Bei Erweiterungsarbeiten im Neustädter Hafen in Bremen stießen Arbeiter des Hafenbauamtes Bremen in der Nacht vom 8. auf den 9. Oktober 1962 auf die schwarzen Rippen eines Bootskörpers. Der herbeigerufene Kunsthistoriker des Focke-Museums in Bremen identifizierte in aller Vorsicht eine Kogge, obgleich bis dahin kein Zeitgenosse eine solche gesehen hatte. Geborgen wurden rund 2.000 Einzelteile sowie weitere, die 1963 und 1965 mit einem Taucherglockenschiff gehoben wurden.

Das Wrack konnte nicht im Ganzen gehoben werden. Dafür war das Jahr zu weit fortgeschritten. Möglicher Eisgang, vielleicht schon Anfang Dezember, drohte sogar alle Bemühungen zunichtemachen. Der eingesetzte Bergungskran barg alles, was er fassen konnte. Der größte Teil des Wracks lag unter Sandmassen begraben. Taucher stiegen hinab und legten die zahlreichen verborgenen Teile des Fundes mit Saugrohren frei. Eine genaue Nachsuche unter der Leitung der Archäologin Rosemarie Weber in den Sommermonaten der Jahre 1963 und 1965, durchgeführt mit einem Tauchglockenschiff auf dem Grund der Weser, brachte noch eine Ruderöse, Werkzeuge, den Bundschuh eines Zimmermanns und andere Dinge an die Oberfläche. Vor allem aber einen Balken, an dem noch das Splintholz vorhanden war. An diesem Balken konnten genaue Untersuchungen durchgeführt und das Alter des Wracks genau datiert werden.

Diese 42 t »Kogge« wurde 1972 in das neu gebaute Deutsche Schifffahrtsmuseum (DSM) in Bremerhaven transportiert. Dort begann am 1.11.1972 die zweite Kiellegung. Zehn Jahre dauerte das Puzzle des Wiederaufbaus dieses bedeutenden Zeugnisses eines wichtigen Abschnittes deutscher und europäischer Vergangenheit. Baujahr 1380, Länge 23 m, Breite 7,60 m, Tiefgang 1,80 m, Zuladung 80 bis 100 t. Vor dem Zusammenbau musste das Holz gereinigt, durch Infrarotbestrahlung angetrocknet und schließlich mit Spezialleim bestrichen werden. Stahltrossen, in der Decke des Kogge-Hauses verankert, trugen zur Unterstützung die schweren Decksbalken auf den Bootsschultern. Die

Arbeiten wurden durch die ständige Feuchtigkeit besonders erschwert: Das Wrack musste nämlich feucht gehalten werden. Wasser hatte die Poren des Eichenholzes mit der Zeit gefüllt, als wäre es ein Schwamm. Hätte man das so mit Wasser gesättigte Holz desgehobenen Schiffes einfach der trockenen Luft ausgesetzt, wäre das aufgeweichte Gewebe gegenüber seinem ursprünglichen Volumen um rund 20 bis 30 Prozent geschrumpft.

1982 konnte endlich mit der Konservierung der Kogge-Überreste begonnen werden: In einem rund 800.000 Liter fassenden Wasserbecken wurden die gefundenen Holzteile mit einem Gemisch von Wasser und Polyethylenglykol konserviert und für die Nachwelt erhalten.

Im Mai des Jahres 2000, 38 Jahre nach dem Fund im Weserschlick, war die Konservierungsphase abgeschlossen und die Kogge konnte der Öffentlichkeit übergeben werden.

Der Tank für das PEG-Bad wurde um die Kogge herumgebaut

Es gilt als sicher, dass das Schiff den Hafen nicht verlassen hat. Mit großer Wahrscheinlichkeit ist es in einem großen Hochwasser auf der Weser im Jahre 1380 gesunken, bevor es ganz fertig war. Mast und Rah wurden nicht gefunden, auch keine Anzeichen dafür, dass sie vorhanden waren.

Schon bald nach der Zusammensetzung begannen Bestrebungen in Bremerhaven, das Schiff nachzubauen. Dies insbesondere deshalb, weil auch die Fachwelt nicht wusste, wie damals gesegelt wurde. Der Nachbau sollte Aufschlüsse über das Seeverhalten, die Segelfähigkeit und vor allem die Navigation mittelalterlicher Koggen geben. Solche Fragen hatte der über 600 Jahre alte archäologische Fund aufgeworfen und offengelassen. Während in Bremen und Bremerhaven noch nachgedacht wurde, schreckte die Nachricht auf, man wolle das Schiff in Kiel nachbauen. Nach der offiziellen Version bat der Bremerhavener Magistrat sein für Historie zuständiges Mitglied Horst von Hassel, den Nachbau zu betreiben. Dieser hatte sogleich an den Kapitän

Die einzelnen Planken mussten wie ein Puzzle neu zusammengesetzt werden

Gerhard Bessau gedacht, der nicht nur auf allen Meeren, sondern auch auf »Promi-Schiffen« gesegelt war und jetzt in seinem Büro als öffentlich bestellter und vereidigter Schiffsachverständiger sesshaft geworden war. Bessau hatte den Auftrag angenommen und eine Schar Gleichgesinnter um sich gesammelt, darunter auch Uwe Peterson und Hans-Joachim Möller. Tatsächlich ging nach den Schilderungen von Uwe Peterson die Initiative aber von Bessau, MdB Grunenberg und Peterson aus, die nach einem gemeinsamen Treffen Aktivitäten zum Nachbau der Kogge entwickelten und dafür sowohl den Magistrat als auch Freunde und Unterstützer gewannen.

Man gründete 1986 den Verein Hanse-Koggewerft e.V. Bremerhaven, der auch heute noch die Kogge betreibt.

Bei den Anfangsentscheidungen bildeten sich zwei Fraktionen im Verein: eine Gruppe, die historisch in Eiche bauen wollte, und eine, die für eine Laminat-Bauweise plädierte. Die »Eiche-Gruppe« um Bessau und Peterson setzte sich durch. In einem Punkt bestand Einigkeit: Die historische Bauweise sollte sich mit einem hohen Maß an aktueller Sicherheit verbinden. Angestrebt wurde die höchste Sicherheitsklasse des Germanischen Lloyd. Beide Kriterien zusammenzubringen war natürlich nicht leicht und immer wieder Auslöser von Diskussionen. Dazu kam ein gewisses Komfortbedürfnis, denn das Schiff sollte ja nicht nur im Hafen liegen, sondern auf den Kursen der Hanse segeln, so auch die Vereinbarungen mit dem Deutschen Schifffahrtsmuseum als Schirmherr.

Für die Arbeiten brauchte es eine Werfthalle und Leute. Am Neuen Hafen stand die abrissreife Werfthalle der Schichau-Werft, die Gerd Bessau und Uwe Peterson über ihre Verbindungen und mit Hilfe von Horst von Hassel für den Verein erhielten, einschließlich der erforderlichen Genehmigung. Von Hassel stellte auch die Verbindung zur Deputation für Arbeit in Bremen und deren damaligem Sprecher Dieter Wilhelmi her, der die Zuteilung von ABM-Kräften durchsetzte. Uwe Peterson nutzte seine alten Verbindungen und es gelang ihm, erfahrene Handwerker zu gewinnen, darunter den Zimmermann Erhard Rucks, den Stahlschiffbauer Karl Kramer und für die Erstellung der Baupläne den Konstrukteur Helmut Koch, der in der Schichau-, später Seebeck-Werft arbeitete. Alte Freunde von Peterson im Vorstand der Werft genehmigten, dass Koch auch während der Arbeitszeit für die Kogge tätig sein konnte. Die Kiellegung erfolgte zum 21. Juli 1988 unter großer Anteilnahme der Bevölkerung. Allerdings ohne Gerd Bessau, der diesen Erfolg seines Wirkens nicht mehr erlebt hat. Während der Bremerhavener Festwoche im Juni 1989 konnte man bereits von einer Tribüne in den Schiffsleib hineinschauen.

Auch die obligatorische Flasche Champagner für Taufe und Jungfernfahrt fehlte nicht

Am 14. August 1990 wurde der Neubau dann mit einem Autokran vom Baulager gehoben und auf die Pier gestellt. Während des Hafenfestes am 18. August wurde sie per Stapelhub ins Wasser gehoben und getauft. Einem Gewürzhändler aus Bremen verdankt das Schiff seinen Namen: UBENA VON BREMEN. Mit diesem Namen, der auf einem großen Schild am Steuerbordvorschiff der Kogge zu lesen war, würde der Koggenachbau in seinem weiteren Schiffsleben ganz schön Reklame fahren.

UBENA VON BREMEN, sicher ein nicht ganz hansezeitgemäßer Name, doch klang er gut; roch nach Ferne und Salzluft. Auf jeden Fall nach Gewürzen. Das Bremer Unternehmen hatte sich auch deshalb mit einer sechsstelligen Summe an der Kogge engagiert, weil es, seinen eigenen Aussagen zufolge, »... eine Wechselbeziehung Schifffahrt – Gewürzhandel seit der Hanse-Zeit« gab. Schiffe mit Namen UBENA fehlten nicht auf den Gewürzhandelsrouten. Doch als das erste aufkreuzte, war die Hanse-Zeit längst vorbei. Die Werbestrategie ging nicht ganz auf, denn im Jahr 2000 ist das Bremer Unternehmen von der Fuchs Gewürze GmbH übernommen worden.

Stapelhub der Kogge am 18. August 1990 in Bremerhaven unter großer Anteilnahme der Bremerhavener Bevölkerung

Im Juli 1991 übergab der technische Leiter des Projektes, Uwe Peterson, den Nachbau der Hansekogge an Kapitän Hans-Joachim Möller, der die Kogge auf der Jungfernfahrt führte. Zum ersten Mal verließ die Hansekogge ihren Heimathafen Bremerhaven für eine Reise auf der traditionellen Route zu den Hansestädten Lübeck, Wismar, Stettin, Danzig, Greifswald, Stralsund, Rostock und Kiel. 1992 wurden die Städte Emden, Papenburg, Sassnitz, Visby, Stockholm, Riga, Reval, Memel und Königsberg besucht. Seither hat die UBENA VON BREMEN viele weitere Reisen in Nord- und Ostsee durchgeführt.

Dass es die Kogge gibt, ist einigen Leuten zu verdanken, die ihre Verbindungen, ihre Zeit und viel Arbeit in »ihre Kogge« ehrenamtlich investiert haben. Für Uwe Peterson, der die ganzen Jahre des Baus überwachte und weitere 18 Jahre die technische Leitung innehatte, ist die Kogge schlicht und einfach »sein Lebenswerk«. Er war Gründungsmitglied und auch viele Jahre stellvertretender Vorsitzender des Vereins Hanse-Koggewerft e.V.

Koggen – Nordeuropas bedeutender Segelschifftyp

Das Wissen zu Schifffahrt und Schiffbau in der Zeit vor dem 16. Jahrhundert stammt nur aus Dokumenten oder bildlichen Darstellungen auf Siegeln, von bemalten Fenstern, Reliefs in Monumenten oder aus Berichten und Dichtungen. Dabei bleibt immer unklar, wie viele und welche Detailkenntnisse der Künstler hatte.

Großes Koggesiegel der Stadt Stralsund aus dem Jahr 1329

In den letzten Jahrzehnten hat man sehr viele neue Erkenntnisse dadurch gewinnen können, dass weitgehend erhaltene Schiffswracks gefunden und konserviert wurden, wie die UBENA VON BREMEN. Allerdings haben diese Funde leider nur wenig zur Erweiterung der Kenntnisse über die »Antriebsanlage« gebracht, da diese entweder zerstört oder im Laufe der Zeit verrottet ist, oder aber nicht auffindbar war.

Die Kogge war über Jahrhunderte einer der bedeutendsten Segelschiffstypen Nordeuropas. Zu den ersten Vorläufern der Kogge gehörte die Knorr, ein breiteres Segellastschiff der Wikingerflotten des 9. Jahrhunderts. Die Bezeichnung Kogge erschien erstmals 948 in den Schiffsvermerken von Muiden bei Amsterdam. Markante äußere Merkmale der seetüchtigen Kogge im Anfangsstadium der Entwicklung waren die einmastige Rahtakelage, der gedrungene kurze Schiffskörper, das Verhältnis von Kiellänge zur Schiffsbreite von 3 zu 1, die fast geraden und steil aufragenden Steven und der hochbordige, klinkergeplankte Schiffskörper. An dem kräftigen Mast wurde ein großes Rahsegel gefahren. Die durchschnittliche Hansekogge war ca. 25 m lang, 8 m breit und trug bis zu 200 t. Die Schiffe wurden durch den Übergang vom Klinker- zum Kraweelbau leichter. Wie die Langschiffe der Wikinger wurden die Koggen erst mit einem Ruder an der in Fahrtrichtung rechts liegenden Seite gesteuert (daher bis heute Steuerbord und entsprechend zur Richtung, in die der Rücken (Back) des Steuermanns zeigte, Backbord), das Steuerruder wurde von der Steuerbordseite an das Heck verlegt, 1242 an diesem Schiffstyp erstmalig nachgewiesen, und die Takelage verbessert. Beim Klinkerbau wurde das Dichtheitsproblem durch Laschen (Vernähen) der Planken und aus Moos gedrehter Dichtschnur, bei Kraweelbau durch Nut und Feder gelöst.

Bedingt durch die rege Handelstätigkeit der Hanse segelten Koggen im gesamten Ostseegebiet, nach Skandinavien, Flandern, Frankreich, England, Spanien und gelegentlich auch bis ins Mittelmeer. Allerdings wurde die Schifffahrt nicht ganzjährig betrieben. Es gab im 13. Jahrhundert in der Hanse eine Vorschrift, die die Winterpause vom 11. November bis zum 22. Februar festlegte, da Nebel und Finsternis nach wie vor gefürchtet waren. Streng wurde diese Vorschrift aber wohl nicht eingehalten.

Bis Anfang des 14. Jahrhunderts wurden Koggen in Klinkerbauweise hergestellt. Dabei wurden die Schiffsbohlen zunächst über Feuer erhitzt, anschließend gebogen und in die richtige Form gebracht, danach wie Dachziegel übereinander genagelt und später kalfatert.

Überhaupt die Nägel: Sie mussten noch geschmiedet werden. Wie sie aussehen sollten, wusste man genau bei den Kogge-Schiffbauern. Im Schiffahrtsmuseum lagen die Vorbilder aus dem Jahre 1380. Nägel hielten die Außenplanken der Schiffe zusammen, indem man sie durch die einander überlappenden Parten trieb, ihre herausragenden Spitzen über einer Krampe krumm und ins Holz zurückschlug. Mit dieser Bauweise gingen die Hanse-Schiffbauer andere Wege als ihre Kollegen im Mittelmeer, die schon die Kraweelbauweise kannten, oder die Skandinavier, die die Klinkerplanken ihrer Schiffe durch Nieten zusammenhielten. Das große Problem war aber: Nägel dieser Art gab es nicht mehr! Wer also Nägel brauchte, konnte sich allenfalls unter den Hufschmieden umsehen, von denen es aber auch nur noch wenige gibt. Einer von ihnen lebte in der Nähe von Bremerhaven. Der alte Meister staunte nicht schlecht, als Karl Kramer, der ihn lange kannte, eines Tages von ihm einen Probenagel geschmiedet haben wollte. Willi Blank war auch schon ein Kind des industriellen Zeitalters. »Weißt du, wann ich den letzten Nagel geschmiedet habe?« winkte er ab. »Das war vor ein paar Jahrzehnten bei meiner Gesellenprüfung«. Der resolute Kramer sagte: »Was man einmal gelernt hat, vergisst man nicht«, und drängte den Meister zur »Nagelprobe«. Dieser nahm endlich seine alte Lederschürze vom Haken. Das lange Stück Rundstahl, das Karl mitgebracht hatte, zerschnitt er in drei 18 bis 20 cm lange Stücke und legte sie mit der Zange ins angeblasene Feuer. Dann versuchte er,

Historische Kogge-Nägel aus der Bremer Kogge von 1380

das erste glühende Stück mit schnellen, wuchtigen Schlägen anzuspitzen. Es wurde kalt, ehe ihm das gelang. Das Stück musste erneut ins Feuer. Beim zweiten Arbeitsgang entstand eine lange Spitze, und es blieb noch Zeit, den Kopf zu schmieden. Mit jedem weiteren Nagel gewann Willi Blank seine alte Sicherheit zurück, aber er schwitzte am Ende doch mächtig.

Als man ihn am Nachmittag nach dem Richtfest besuchte, hatte er den Auftrag angenommen, 2000 Nägel zu 18 und 6000 Nägel zu 16 Zentimeter Länge zu schmieden. Sie sollten etwas länger werden als die früheren Koggenägel, und der 12 Millimeter dicke Rundstahl war natürlich auch von besserer Qualität als das alte Eisen von damals. Als wären die alten Zeiten nach Debstedt zurückgekehrt, ertönte dort für mehrere Stunden am Tag das »Kling-Klang« des emsigen Schmiedehammers. Die Blanks, Vater und Sohn, wechselten sich bei der Arbeit ab. Schon bald hatte Willi Blank so viel Routine zurückgewonnen, dass er nur wenige Minuten für einen großen Nagel benötigte – fürs Anspitzen, Absetzen, Glätten, Abschroten und Kopfschmieden. Willi Blank rechnete vor, dass in seiner Werkstatt täglich 40 Nägel fertig werden könnten, also ungefähr 1.000 Stück im Monat. Für die 8.000 Nägel hätte er also acht Monate benötigt. Der Nachbau des Schiffes machte sehr schnelle Fortschritte, womit der Schmied nicht mithalten konnte: Also lernte man nun in der Koggewerft auch das Nagelschmieden.

Einige Funde lieferten genauere Aufschlüsse über Konstruktion und Bauweise, so z.B. die Bremer Kogge von 1380, die heute im Schiffahrtsmuseum Bremerhaven konserviert ausgestellt ist. Die Bremer Kogge ermöglichte Berechnungen und Versuche, die die überlieferten Etmale (zurückgelegte Wegstrecke von Mittag bis Mittag) bestätigten und daraus ableitend die durchschnittliche Reisegeschwindigkeit von 4 kn (maximal 6 bis 7 kn) berechneten. Die Höhe am Wind war mit 45° bis 50° besser als gemeinhin angenommen. Es zeigte sich auch, dass das Seitenverhältnis Höhe zu Breite des Segels einen großen Einfluss auf die Segelstellung hat. Das Segel soll möglichst ein großes Seitenverhältnis, große Höhe zu Breite, haben.

Die älteste bekannte Segeldarstellung stammt aus dem 4. Jahrtausend v. Chr.; sie befindet sich auf einer ägyptischen Tonurne. Als sicher darf man annehmen, dass es den Menschen schon viel früher gelungen ist, den Wind als Antriebsmittel für Boote oder Flöße zu nutzen. Beobachtungen an schwimmenden Gegenständen, die der Wind vor sich hertrieb, haben wahrscheinlich zur Konstruktion eines entsprechenden

Windfanges geführt. Ein Segel im heutigen Sinne war es bestimmt nicht. Erst die Erfindung des Tuchgewebes ließ die Anfertigung eines richtigen Segels zu. Aber dicht belaubte Zweige, große Blätter, Häute oder Matten haben den ersten Anforderungen wohl genügt. Diese einfachen Wasserfahrzeuge segelten vor dem Wind, also mit dem Wind im Rücken. Im Laufe der Zeit gelang es dann, durch Veränderung der Segelstellung auch den seitlich einfallenden Wind auszunutzen. Der Urtyp des Segels ist das Rah- oder Vierkantsegel, ein Segel, das an einer horizontal aufgehängten, quer zur Schiffslängsachse stehenden Spiere, der Rah, angeschlagen ist. In dieser Grundstellung bietet es dem Wind eine große Widerstandsfläche, die das Schiff bei achterlicher Windrichtung leicht vorantreibt. Durch Änderung der Querstellung der Rah, dem Brassen, kann auch bei seitlich von hinten oder seitlich von vorn einfallendem Wind gesegelt werden.

Funde von Koggen

1962 wurde das Wrack einer Kogge in der Weser bei Bremen gefunden. Sie wurde als die Bremer Kogge bekannt und diente als Vorbild für den Nachbau von 1990, die heutige UBENA VON BREMEN.

Die ersten Überreste einer Kogge, die je gefunden wurden, entdeckte man 1943 im Kolding-Fjord an der Ostküste Jütlands (Dänemark). Einzelne Teile wurden im selben Jahr geborgen, vermessen und wieder an Ort und Stelle deponiert. Das Wissen um die Position der Wrackstelle und der Teile ging verloren. 1999–2000 konnte die Stelle wiederentdeckt werden, 2001 erfolgte die Bergung des Schiffes. Die Planken wurden dendrochronologisch datiert (Datierung mittels charakteristischer Jahrringe einiger Baumarten), und zwar auf den Winter 1188–1189. Das Schiff dürfte ca. 16 m lang gewesen sein. Zurzeit findet eine Konservierung im Koldinghus Museum statt.

1978 entdeckte man in den Dünen beim dänischen Kollerup an der nordwestjütischen Jammerbucht die gut erhaltenen Überreste einer frühen Kogge. Das nach dendrochronologischen Untersuchungen verwendete Eichenholz wurde um 1150 in Südjütland, etwa im Raum zwischen Schleswig und Hadersleben, geschlagen. Dieser Schiffsfund ist der bisher älteste vom Typ einer Kogge. Länge: ca. 20,9 m; Breite: ca. 4,92 m; Tiefgang: ca. 1,35 m. Offensichtlich hatte man eine der frühen Umlandsfahrten um Kap Skagen gewagt und ist hierbei gescheitert.

1983 konnten im Polder beim Niederländischen Ort Nijkerk die Überreste einer Kogge aus dem Jahre 1336 freigelegt werden. Der Boden, in dem sich das Holz erhalten hatte, war der Grund der an dieser Stelle trockengelegten Zuiderzee. Der Fund diente als Vorlage für den 1997 angefertigten, heute im Niederländischen Kampen liegenden Koggenachbau KAMPER HANZE KOGGE. 2004 hat das Schiff seine Seetauglichkeit bei einer Fahrt bis in die Ostsee unter Beweis gestellt.

1990 wurden am Parnu in Estland die Überreste einer kleinen Kogge von etwa 8,5 m Länge und 3,5 m Breite geborgen. Mit Hilfe der C14-Methode wurde das Wrack in den Zeitraum zwischen 1250 und 1330 n. Chr. datiert. Scherben von importierter Keramik aus dem Rheinland, die Teil der Ladung war, stammen aus dem 14. Jahrhundert.

Im Jahr 1997 wurde vor der Insel Poel in Mecklenburg das Wrack einer Kogge entdeckt, das zunächst auf das Jahr 1354 datiert wurde (Poeler Kogge). Nach einer neueren Untersuchung soll dieses wohl in Finnland gebaute Schiff aber wesentlich jünger sein und aus dem Jahr 1773 stammen. Ein Nachbau ist inzwischen in Wismar fertiggestellt worden und wurde auf den Namen WISSEMARA getauft. Der 30 m lange Rumpf ist wie das Wrack in Klinkerbauweise gefertigt.

Eine große und gut erhaltene Kogge wurde 2000 in Doel gefunden, einem Ortsteil der belgischen Gemeinde Beveren: ca. 20 m lang und 7 m breit. Das für den Bau des Schiffs verwendete Eichenholz wurde nach dendrochronologischen Untersuchungen im Winter 1325–1326 in Westfalen geschlagen. Der Rumpf dieser frühen Kogge ist in Klinkerbauweise ausgeführt. Die Doeler Kogge versank aus unbekannten Gründen um 1404 in einem Scheldearm. Das Wrack kam während der Bauarbeiten am Deurganck-Containerterminal des Antwerpener Hafens ans Tageslicht. Nach Abschluss von Konservierungsarbeiten wird es im Schifffahrtsmuseum in Baasrode, einem Ortsteil der belgischen Stadt Dendermonde, ausgestellt werden.

Der Nachbau der Hansekogge

Die UBENA VON BREMEN wurde komplett aus trockenem Eichenholz gebaut. Direkt auf den Kiel kamen Vor- und Achtersteven und die Spanten. Technisch war das Biegen der Außenplanken, die auf Spanten befestigt wurden, zweifelsohne eine immense Herausforderung.

Entgegen der heutigen weithin geläufigen Verformung unter Dampf, wurden die bis zu zehn Jahre gelagerten Eichenplanken über offenem Feuer in ihre spätere Form gebogen. Diese »trockene« Biegetechnik hat den Vorteil, dass an der Endform der heiß verformten Planken kaum Nachformungen nötig sind und dass daher weniger Risse entstehen können.

Die bis zu zehn Jahre gelagerten Eichenplanken wurden über offenem Feuer in Form gebogen

Nach der Befestigung der Planken erfolgte die Installation des Decks, des Achterkastells, des Mastes und der Takelage.

Die für den Gebrauch der Kogge notwendige und aus Sicherheitsgründen unbedingt erforderliche moderne technische Ausstattung – Motorenanlage, Pumpen, Tanks für Kraftstoff, Wasser und Abwasser, Heizung und Navigationsgeräte – wurde entsprechend des Baufortschritts eingebaut. Seit ihrer Jungfernreise wurde die technische Ausstattung vielfach verbessert, austauscht und ständig den heutigen Sicherheitsanforderungen angepasst.

Die Kogge wurde unter Aufsicht des Germanischen Lloyd gebaut und erhielt das Klassezeichen + 100 A4 M Hansekogge Exp. mit der Register Nr. 00001 für einen Zeitabschnitt von fünf Jahren, danach erhielt das Schiff die volle Klasse. Sie ist damit für die mittlere Fahrt zugelassen und kann im Gebiet westlich der Linie Brest / Bergen, einschließlich der Ostküste von Großbritannien und der Ostsee sowie im Mittelmeer gefahren werden.

Da es keine Bauvorschriften gab, erfolgte die Klassifikation als Experimentalschiff, zumal es galt, einen möglichst originalgetreuen Nachbau anzufertigen. Die Hanse-Koggewerft hat sich dabei an den Bauvorschriften alter Segelschiffe orientiert.

Die Maschinenanlage ist für den Hauptantrieb und das Bordaggregat ebenfalls klassifiziert mit + M C Y, dadurch erhält die Kogge die volle Klasse, also als fernsteuerbare Anlage.

Fundamentaler Sinn des Nachbaus der Hansekogge war es, einerseits Erkenntnisse über die Abmessungen des Mastes und der Rah sowie über die Takelage zu ermitteln, die bisher völlig fehlten, und anderseits auf den Kursen der Hanse zu segeln.

Diese Aufgaben hat sich der Verein Hanse-Koggewerft e.V., Bremerhaven gestellt. Alle offenen Fragen über Mast, Segel und Takelage sowie über deren Handhabung wurden in der Praxis erforscht, Segel und Navigationseigenschaften werden ständig erprobt. Viele Jahre Reiseerfahrungen, Berechnungen und Versuche mit der UBENA VON BREMEN bestätigen die überlieferten Etmale und daraus die durchschnittliche Reisegeschwindigkeit von 4 bis maximal 6-7 kn.

Mitsegeln auf der UBENA VON BREMEN

Jedes Jahr macht die Hansekogge viele Reisen auf der Nord- und Ostsee. Bei allen großen Segelereignissen, wie zum Beispiel Kieler Woche, Hanse-Sail, Hamburger Hafengeburtstag, um nur einige zu nennen, ist das Schiff vertreten und bietet Mitsegeln an. Beliebt sind Firmenfahrten, bei denen bis zu 40 Gäste auf einen Tagestörn gehen können. Aber auch mehrtägige Törns werden angeboten. Informationen dazu erteilt der Verein Hanse-Koggewerft e.V. Bremerhaven (www.hanse-koggewerft.de).

Daneben soll jungen Leuten bei regelmäßigen Fahrten auf den traditionellen Routen der Hanse die Liebe zu Schiffen und zur Seefahrt vermittelt werden. Hier sollen sie Kontakte mit gleichgesinnten Jugendlichen unserer Nachbarländer knüpfen und pflegen. Mitarbeit an Bord ist Voraussetzung (An- und Ablegemanöver, Segelsetzen und -bergen sowie Selbstversorgung).

Heute noch existierende und in Fahrt befindliche Koggen- bzw. Kraweelnachbauten:

UBENA VON BREMEN, Bremerhaven, Jungfernfahrt Sommer 1991
HANSEKOGGE KIEL, Kiel, Jungfernfahrt Sommer 1991
KAMPER HANZE KOGGE, Kampen, Jungfernfahrt Juli 1998
ROLAND VON BREMEN, Bremen, Jungfernfahrt 2000
LISA VON LÜBECK, Lübeck, Jungfernfahrt Dezember 2004
WISSEMARA, Wismar, Jungfernfahrt August 2006
TVEKAMP AF ELBOGEN, Malmö, Jungfernfahrt n.b.

Stadtwappen der besuchten Hansestädte am Kastelldeck der UBENA

Prolog

Am 27. Juli 1991 startete die Kogge »UBENA VON BREMEN« zu ihrer Jungfernfahrt, die sie von Bremerhaven über Lübeck nach Danzig und zurück führte. Da sie vermutlich die erste Hansekogge seit etwa 600 Jahren war, die diese Route befuhr, wurde sie auf der gesamten Strecke von den Medien begleitet. Es gab ein großes, überregionales Interesse.

Heute, gut 23 Jahre später, ist die Kogge zu einem festen Bestandteil in der Nord- und Ostsee geworden. Wo immer das Schiff auftaucht, ist es ein »Hingucker« und erregt beträchtliches Aufsehen bei Jung und Alt. Bei den maritimen Veranstaltungen ist sie nicht mehr wegzudenken.

Die UBENA VON BREMEN hat ihren Liegeplatz im Bremerhavener Fischereihafen neben dem Fischereimotor- und Museumsschiff GERA des Deutschen Schiffahrtsmuseums in Bremerhaven.

Der Koggenachbau fährt jährlich rund 4.000 bis 4.500 Seemeilen, von denen sie, je nach Windverhältnissen, rund 1.200 Seemeilen unter Segeln zurücklegt.

Das Schiff wird jährlich von vielen begeisterten »Sehleuten« für Eintages-, aber auch von Gruppen für Mehrtagesfahrten genutzt.

So auch in diesem Jahr: Eine Gruppe aus Emden, bestehend aus 15 Mitgliedern, teilweise schon im erfahrenen Alter, trifft sich alljährlich zu einem rund zehntägigen Törn. In der Crew gibt es fantastische Hobby-Köche, die immer wieder geschmackvolle und leckerere Speisen zubereiten können; einen Arzt, der mit seiner mitgebrachten Bordapotheke sicher alle auftretenden kleinen wie großen Verletzungen und »Wehwehchen« behandeln kann, er wird unterstützt von einem Apotheker, ebenfalls ein fantastischer Hobbykoch. Die Schiffsführung wird von dem Kapitän und Sachverständigen, Hans-Joachim Möller, auch in seinem tatsächlichen Beruf ein solcher, und seinem 1. Steuermann, Thomas Bock, im täglichen Leben ein aktiver Schifffahrtsjournalist, sowie einem nicht mehr aktiven Schiffsingenieur, dem Autor dieses Buches, der die maschinelle Anlage betreut, durchgeführt. Richter, Anwälte, Steuerberater und ein Spezialist aus der Funktechnik waren weitere Mitglieder der diesjährigen Crew.

In diesem Jahr war die Passage des Limfjords in Nord-Dänemark das Ziel, um dann auf der Ostsee-Seite bis nach Kiel zu fahren. Von ihrem heimatlichen Liegeplatz in Bremerhaven ging der Törn in Richtung Weser-Mündung über Helgoland nordwärts, entlang der schleswig-holsteinischen und dänischen Küste durch den Limfjord und weiter südwärts nach Kiel.

Die Crew ahnte noch nicht, dass viele widrige Umstände die Reise zu einem ereignisreichen und spannenden Unterfangen machen sollten.

Auf dieser Reise sollte der Limfjord im Norden Dänemarks durchquert werden

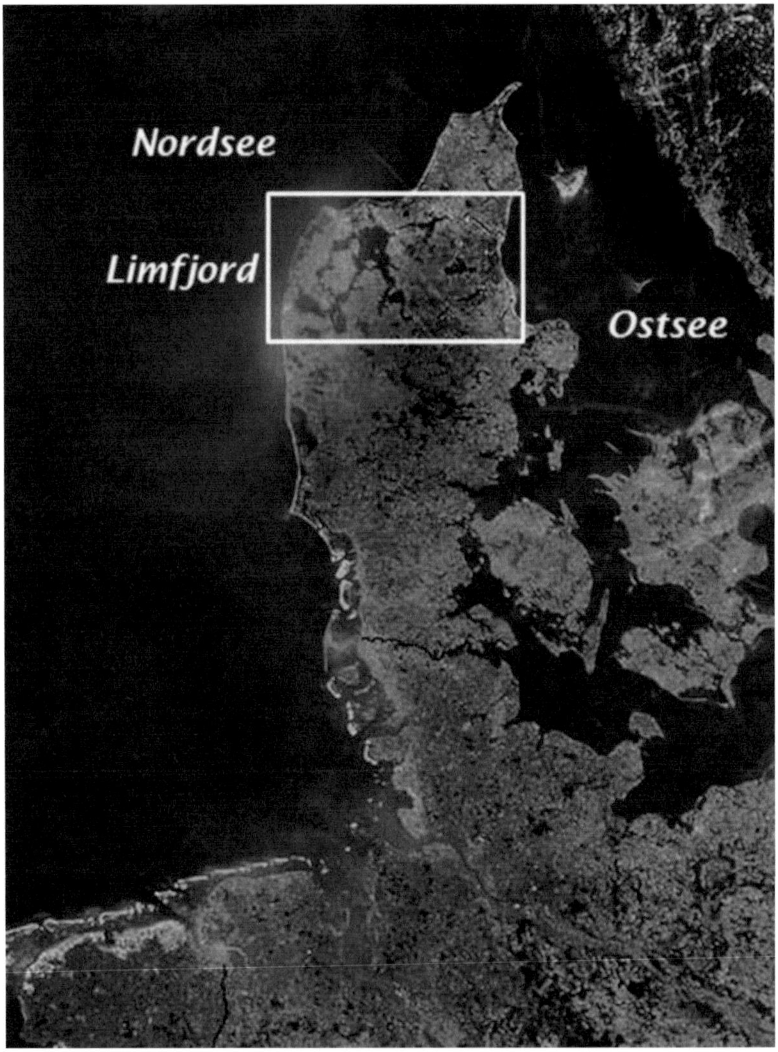

Es geht los …
Weserabwärts Richtung Helgoland

Mit der Tide geht es schneller

Logbucheintrag vom 7. Juni
Alle Mann an Bord

Es war Montag, der 7. Juni gegen Abend, als sich eine Gruppe von zehn Emder Kogge-Enthusiasten mit viel Gepäck, noch mehr Proviant und Getränken aller Art an Bord der Hansekogge UBENA VON BREMEN im Bremerhavener Neuen Hafen einfanden. Noch war das Schiff mit einem Stahlseil an der Pier »angekettet«. Unbekannte hatten vor gut einem Jahr die Festmacherleinen der UBENA von den Pollern gelöst. Nur durch das Landstromkabel war das Schiff noch an Land mit dem Stromverteilerkasten verbunden. Seit dieser Aktion wurde die UBENA an ihrem Stammliegeplatz in Bremerhaven, im wahrsten Sinn des Wortes, »angekettet«.

Hans-Joachim, Kapitän der ersten Stunde auf der Kogge, informierte die Crew über die nächste Planung. Die kommende Nacht würde man noch in Bremerhaven bleiben, damit die Kogge am nächsten Morgen mit der Tide auslaufen konnte: »Wir gewinnen dadurch einiges an Zeit. Durch den ablaufenden Strom können wir gut 6 bis 8 Knoten laufen und der Wind steht auch noch günstig für uns. Damit können wir am Abend auf Helgoland zum Bunkern sein. Vielleicht können wir sogar Segel setzen. Kommt ganz drauf an wie der Wind uns gesonnen ist. Um 09:00 Uhr wollen wir auslaufen.«

Hans ist ein Teamtyp, ein ruhiger Mann mit einem sehenswerten weißen Schnauzbart, der an Bord nicht gern den Kapitän herauskehrt, sondern nur, wenn es unbedingt notwendig ist. Und doch ist er ein waschechter Kapitän, der den klassischen Werdegang in der Seefahrt vom Schiffsjungen zum Kapitän auf diversen Frachtschiffen in der weltweiten Fahrt durchlaufen hat. Sein seglerisches Können machte ihn zum geborenen Skipper, seine beruflichen Kenntnisse zum Inhaber eines weltweit operierenden Sachverständigenbüros in Bremerhaven. Er ist

Das Kapitänsgesetz: Der Kapitän hat immer Recht!

ein weltweit tätiger Schifffahrtsexperte für Havarien im Off-Shore- und Transportgewerbe. Seit nunmehr 19 Jahren begleitet Hans die Emder Gruppe als Kapitän auf Reisen mit der UBENA.

In diesem Jahr wollten die Emder endlich den Törn von Bremerhaven mit einem Bunkerstopp auf Helgoland, der Weiterreise durch die Nordsee, durch den dänischen Limfjord und südwärts auf der Ostsee bis nach Kiel durchführen. Vor zwei Jahren wurde dieser Törn durch ungünstige Nord- bis Nordost-Winde verhindert und man passierte alternativ den Nord-Ostsee-Kanal, um danach in die dänische Inselwelt einzutauchen.

Rechtzeitig vor Beginn der Kieler Woche sollte die UBENA in Kiel sein. Seit 1991 ist das Schiff fester Bestandteil bei diesem maritimen Großereignis. Täglich ist die Kogge ausgebucht. Das füllt die Kasse des Kogge-Vereins. Die Einnahmen sind wichtig – denn obwohl die Mitglieder des Vereins sehr Vieles in unentgeltlicher Eigenarbeit leisten, nehmen die Unterhaltskosten einen beträchtlichen Posten in der Jahresbilanz ein.

Es war zwischenzeitlich 19:00 Uhr geworden und es tauchte eine essentielle Frage auf: Wie kann das aufgekommene Hungergefühl besänftigt werden?

Alexander, im Hauptberuf Apotheker mit eigener Apotheke in Ostfriesland, exzellenter Hobbykoch, passionierter Jäger und Angler, bewegte sich sogleich in die kleine, aber voll eingerichtete Kombüse und bereitete alles für das erste An-Bord-Essen vor. Auf dem großen Tisch unter dem Kastelldeck, nur zwei Schritte von der Kombüse entfernt, breitete sich Alex aus. Die Crew, die im Moment nichts anderes zu tun hatte, stand mit frisch gezapftem Bier in Krügen auf der anderen Seite des Tisches und schaute ihm zu. »Alex, was machst du heute für uns?« »Lasst euch jetzt schon sagen: Das werden die besten Frikadellen, die ihr je gegessen habt! Das werden Frikadellen nach Ostfriesenart.«

Die allgemeine Zustimmung ließ erahnen, dass Alex den richtigen Geschmack gefunden hatte. Das verwundert keinen – sind Frikadellen doch ein Lieblingsgericht der Deutschen. Variantenreich, einfach gemacht, relativ lange aufzubewahren schmecken sie warm oder kalt einfach lecker. Die Deutschen haben viele Namen für dieses tolle Gericht. »Buletten« nennt man sie im Norden, »Klopse« im ehemaligen Ostpreußen, »Huller« im Thüringischen, »Fleischpflanzerl« in Bayern und »Fleischbällchen« nennt man sie, wenn man die kleinere Ausführung macht – aber für die meisten bleiben sie einfach die guten alten Frikadellen.

Es ist Niko, der Alex bei der Zubereitung half. Bald brutzelten Unmengen von Fleischkugeln in der großen Pfanne. Teller, Besteck und Brot wurden ausgeteilt – die leeren Bierkrüge wurden aus der Bierzapfanlage aufgefüllt, und da kamen auch schon die ersten »Ostfriesen-Frikadellen«. Was Alex allerdings nicht angekündigt hatte: Die nachhaltige Schärfe verlangte nach mehr Bier! Aber vielleicht schmeckten sie deswegen einfach super! Übrigens: Alle hier aufgeführten Rezepte beziehen sich auf 10 – 12 Personen!

Alex bei der Zubereitung von Frikadellen

Frikadellen nach Ostfriesenart

2 kg Hack vom Rind (Ochse)
6 Eier
300 g Paniermehl (vom Bäcker)
je 1 Bund Schnittlauch, Petersilie, Lauchzwiebeln und Dill
je 2 rote und 2 weiße Zwiebeln
bis zu 4 Zehen Knoblauch (nach Belieben)
je 2 Esslöffel scharfen Senf und Ketchup
2 Teelöffel Sambal Badjak
Pfeffer und Salz zum Abschmecken

Alles schön klein hacken, gut vermischen, zu Frikadellen formen und dann in Butterschmalz braten. Schmeckt warm und kalt.

Logbucheintrag vom 08. Juni
08:50 Uhr Maschine klar zum Auslaufen,
Landstromverbindung getrennt und Kabel eingeholt

»Gangway rein und Leinen los!«, rief der Kapitän ganz undramatisch. Die Gangway wurde eingeholt. Auf der Pier wetzten zwei Mann zu den Pollern. Der Festmacher vorn, das Stahlseil mit Verschluss und die beiden Springs klatschten an Deck, die Achterleine flog auf das Kastell und wurde an ihrem Platz aufgeschossen. Nach einem ziemlich hoheitsvollen Rundblick gab Hans das Kommando: »Ruder hart backbord!« Thomas, der Rudergänger, bewegte den Joystick für die hydraulische Ruderanlage in die gewünschte Richtung. Das leise Vibrieren des Motors verstärkte sich. Die Fender quietschten und langsam entfernte sich die UBENA von ihrem Liegeplatz. Die Kommandos »Hart steuerbord!« und »Mittschiffs!«, mit denen die Kogge auf Kurs in die nun offene Schleuse Neuer Hafen gebracht wurden, kamen souverän.

Nachdem das Schiff in der Schleuse auf den Wasserstand der Weser angeglichen wurde, ging es in die Weser Richtung Flussmündung. Vorbei an dem Windsemaphor, der seit 2005 hier, am Ausgang der Schleuse am Neuen Hafen, wieder in Betrieb genommen wurde.

Einlaufen in die Schleuse am Neuen Hafen in Bremerhaven

Windsemaphor Bremerhaven

Die für auslaufende Schiffe im 19. Jahrhundert zunächst unbekannten Wind- und Wetterverhältnisse auf See erhöhten die Risiken für Besatzung, Schiff und Ladung beträchtlich. Deshalb wurden Windsemaphore erbaut, an dem Seeleute stets die aktuelle Wetterlage in der Deutschen Bucht ablesen konnten. Der seewärts ausgerichtete Semaphor besteht aus einem Stahlgerüst, das mit Drahtseilen miteinander und dem Erdboden verspannt ist.

Zwei massive und nach hinten abgestützte Masten an der linken und rechten Seite tragen in etwa 10 m Höhe die Zeiger für die Windrichtungen auf Borkum (linke Seite) und Helgoland (rechte Seite). Eine Querverstrebung verbindet die beiden äußeren Masten auf Höhe der Zeigerachsen mit dem höheren, verstrebten Mittelmast. Dieser trägt darüber sechs Indikatorenpaare zur Anzeige der Windgeschwindigkeit auf beiden Inseln. Die jeweils sechs Indikatoren für jede Insel verbleiben entweder in der hängenden Nullstellung oder stehen, rechtwinklig zum Mast ausgestellt, jeweils für zwei Windstärken der Beaufortskala. Darstellbar sind also die Windstärken 2, 4, 6, 8, 10 und 12. Unterhalb der Indikatoren sind am mittleren Mast die großen Buchstaben B und H als Abkürzung der Inselnamen angebracht.

Die Informationen über Windgeschwindigkeit und -richtung gingen zweimal täglich telegrafisch aus Borkum und Helgoland ein; ebenso oft wurde die Anlage entsprechend eingestellt. Die kreisrunden Anzeigen links und rechts stellen mit je einem Zeiger die Windrichtung auf den beiden Inseln dar, wobei diese Darstellung einer Windrose entspricht.

Der unter Verwendung einiger Originalteile (die Buchstaben »B« und »H« sowie die beiden Windrosen) rekonstruierte Windsemaphor vom Leuchtturm Hohe Weg steht seit 2005 in der Einfahrt zum Neuen Hafen in Bremerhaven. Alle Zeiger wurden mit einem Getriebemotor ausgerüstet, um alle zwei Stunden die online gesendeten meteorologischen Daten vom Deutschen Wetterdienst anzuzeigen.

Gleich an Steuerbord steht der seit 2005 wieder aktive Windsemaphor

Der Wasserstand von Hafen und Weser ist angeglichen und die Kogge fährt in die Weser

Weiter ging es weserabwärts. Vorbei am Container-Terminal Wilhelm Kaisen, an dem an diesem Tag nur wenige Blechkisten-Beförderer lagen. Mit einer Länge von 4,9 km ist dies die längste Stromkaje der Welt. Für Container steht eine Stellplatzfläche von rund 3 Mio. m^2 zur Verfügung.

Am nördlichen Ende des Container-Terminals begann für die UBENA die Fahrt in einem betonnten Fahrwasser, dem Fedderwarder Fahrwasser. Außerdem fuhr die Kogge innerhalb der Radarkette Außenweser. Von nun an musste Thomas, der Steuermann, sich strikt an der roten Betonnung auf seiner Steuerbordseite halten.

»Hans, was bedeutet die Radarkette Außenweser?«, kam die Frage aus der Crew. Als Schifffahrtsexperte ist Hans genau der Richtige für die Beantwortung dieser Frage: »Das System ist vergleichbar mit dem der Flugüberwachung: Der Bund hat die Zuständigkeit für die Sicherheit und Leichtigkeit des Schiffsverkehrs sowie für die Verhütung von Gefahren, die von der Schifffahrt ausgehen können, auf die Wasser- und Schifffahrtsverwaltungen der Länder übertragen. Zur Wahrnehmung dieser Aufgaben dienen neben den konventionellen visuellen Navigationshilfen, wie Tonnen und Leuchtfeuer, Verkehrssicherungssysteme, die

Mit einer Länge von 4,9 km ist der Container-Terminal Wilhelm Kaisen die längste Stromkaje der Welt

aus Landradaranlagen (unbemannt betriebene Außenstationen) und Verkehrszentralen bestehen. Schon hier könnt ihr auf Backbordseite die Radarstation Tettens, die Teil der Radarkette ist, erkennen. Hier in diesem Gebiet, das von der Verkehrszentrale in Bremerhaven überwacht und gesteuert wird, übertragen acht Radarstationen Radarbilder der einzelnen Revierabschnitte in die Zentrale. Dort wird auf der Grundlage einer Radar- und Schiffsdatenverarbeitung ein fortlaufend aktualisiertes Verkehrsbild erzeugt, anhand dessen der Schiffsverkehr überwacht, sichere Verkehrsabläufe geplant sowie Kollisionen und Strandungen vermieden werden können.« Mit den Worten: «Ihr könnt die Verkehrszentrale besichtigen, sie ist für jeden zugänglich«, schloss Hans seine Erklärung ab.

Mit dem ablaufenden Strom erreichte die UBENA eine Fahrt über Grund von etwa 7 kn. Nach gut einer Stunde wurde an Steuerbord der Leuchtturm Robbenplate passiert. Bei strahlendem Sonnenschein kamen die Fotografen an Bord auf ihre Kosten.

Es war zwischenzeitlich 11:00 Uhr geworden – von nun an ein wichtiger täglicher Termin, bei dem sich die gesamte Crew, außer den beiden Wachgängern am Ruder, an Deck einfand, um die obligatorische »Sherry-Time« einzuläuten.

Traditionelle Rituale an Bord von Schiffen

Man bittet Rasmus um gute Winde …

Hans und Peter kramten ein bisschen in ihrer Seekiste, die sehr viele und interessante Schätze beinhaltete. Beide kannten unzählige Geschichten von der Seefahrt und von seemännischen Ritualen, denn nirgendwo sonst gab und gibt es so viele Mythen, Rituale und Legenden wie in der Seefahrt.

Der Sage nach muss beispielsweise der erste Schluck an Bord Sherry sein, früher war es Met, da Sherry zu jenen Zeiten schon sehr lange in Eichenfässern von Rasmus sanft geschaukelt wurde, ohne dass er die Fässer eingefordert hätte. Und so geht der erste Schluck nach dem Ablegen immer über Bord an Rasmus, den Herrn der Winde: Er soll für gute Unterstützung bei den Törns sorgen, gleichzeitig aber Stürme vom Schiff fernhalten. Die Zwiesprache mit Rasmus kann natürlich nur ein Seemann halten, der auch weiß, wie man Rasmus ansprechen muss. So einfach ist das nämlich nicht, und nicht jeder, der unten Schuhe und oben eine Mütze trägt, ist dafür geeignet. Bei Hans, dem Kapitän, war es bei seiner Sprachgewandtheit klar, dass er diese Aufgabe übernahm. Seine Zwiesprache hörte sich dann so an:

Bittgebet an Rasmus
Rasmus, treuer Schutzpatron,
komm' hervor und zeig dich schon!
Es ist 11:00 Uhr, wie du siehst,
sei von allen hier gegrüßt!
Nimm den Sherry an als Dank,
bleib für uns die sichre Bank,
und wir rufen frei und frank:
»Rasmus, altes Rübenschwein,
gib uns Wind und Sonnenschein!«

Lag das Schiff unterwegs dann doch einmal in einer Flaute fest, so wurde am Mast gekratzt – auf diese Weise sollte Rasmus gereizt werden, damit er seine Aufmerksamkeit wieder dem Schiff zuwendete. Nachdem Hans den wichtigen Spruch und das erste gefüllte Glas über Bord in die Weser gekippt hatte, kam er auf die ebenso wichtige Schiffstaufe zu sprechen:

»Wie ihr wisst, wird trotz moderner Technik, die an Bord ist, jedes neuerbaute Schiff vor seinem Stapellauf, auf altertümliche Weise seiner Bestimmung übergeben – mit einer Flasche Champagner, die an der Bordwand zerschlagen wird. Die Schiffstaufe, sie wird übrigens fast ausschließlich von Frauen durchgeführt, ist der Moment, in dem ein Schiff endgültig auf seinen Namen festgelegt wird, und ab dem die Meeresgötter sein weiteres Schicksal bestimmen, wie das Ritual besagt. Es ist ein Ritual, das es fast überall auf der Welt gibt: Nach islamischer Sitte wird ein Schiff mit dem Wasser aus dem heiligen Brunnen von Mekka getauft. In Schottland nimmt man statt einer Flasche französischen Schaumweins eine Flasche Whisky. Bei Indern ist es dagegen Brauch, ein Schiff mit Kokosmilch zu taufen. Immer geht es darum, dem Schiff auf allen Wegen Glück zu wünschen.

Frauen an Bord hingegen bringen nach einem alten Mythos stets Unglück: Zu bestimmten Zeiten in der Seefahrtgeschichte durfte allein der Kapitän während einer Reise seine Frau mit an Bord nehmen. Natürlich sind solche Zeiten längst vorbei, gehalten hat sich der Ausspruch im Seefahrer-Sprachschatz aber trotzdem bis heute. Obwohl sich in den letzten Jahren viel geändert hat. Weibliche Kapitäne sind in der heutigen Seefahrt häufiger anzutreffen – und die Schiffe fahren immer noch!

Rituale hatten und haben eine klare Funktion. Seeleute, die noch heute an Bord etwa das Pfeifen verbieten, machen damit deutlich, ›dass sie sich Respekt vor der Natur bewahrt haben‹. Trotzdem gibt es hierfür auch noch eine handfestere Erklärung. Früher gab nur der Bootsmann mit der Bootsmannspfeife die Befehle an Bord. Wenn dann noch jemand pfiff, so konnte das für Missverständnisse und somit für allerhand Unglück sorgen, weil zum falschen Zeitpunkt etwa plötzlich falsche Kommandos durchgeführt werden«. Chief Peter erinnerte sich noch an seine aktive Zeit zur See: Damals hieß es »Pfeifen an Bord tut nur der Bootsmann …«.

Wieder zurück zu Hans, der in seiner großen Wissenskiste kramte: »Doch selbst heute, in Zeiten von Satellitennavigation, elektronischen Wetterkarten und automatischen Ortungssystemen gibt die Seefahrt noch eine gute Projektionsfläche für Schreckensbilder und Mythen ab: So sind die Erkenntnisse über die Tiefsee nach wie vor gering. Immer wieder wurden in den vergangenen Jahren Kadaver von Riesenkalmaren angeschwemmt, einen Kampf zwischen einem Pottwal und einer solchen Riesenkrake in 3 km Tiefe, die nachweislich stattfinden, hat aber noch nie jemand gesehen. Kein Wunder, dass solche Vorstellungen bis heute die Fantasie beflügeln.

Vielleicht liegt das aber auch daran, dass an manchem Mythos im Kern vielleicht doch etwas dran ist: So sollten vor allem Galionsfiguren vorn am Steven Gefahren auf See abhalten, außerdem die Schiffe und Seeleute beschützen. Übliche Motive sind Seejungfrauen, Tierköpfe, mythologische Motive, Heiligenfiguren, Persönlichkeiten, Frauenfiguren, Wappen und Kreuzschilde. Manchmal hängt der Name des Schiffs auch mit der Galionsfigur zusammen oder umgekehrt. Symbolisch wurde damit ein Stück Heimat auf die Reise mitgenommen. Der Begriff »Galion« kommt von Galeone und war früher ein Vorbau an hölzernen Schiffen. Den hatte man mit einer Galionsfigur oder auch Bugfigur geschmückt. Diese Figur sollte unsere seefahrenden Vorfahren auf ihrer Fahrt über das Meer beschützen. Sie sollte vor Unwetter und Schiffbruch bewahren. Heute haben vor allem Segelschiffe noch Galionsfiguren. Die Besatzung liebt ihre Figur, denn sie ist wie ein Symbol für das Schiff. Seefahrer behaupten, dass das Schiff durch die Galionsfiguren eine Seele bekommt.«

Bis heute könnt ihr Galionsfiguren bei Segelschiffen vorn am Steven sehen, etwa am Segelschulschiff der deutschen Marine GORCH FOCK, die einen Albatros trägt. Der Vogel ist mit seiner großen Flügelspannweite und den großen Strecken, die er damit zurücklegt, Sinnbild für die weiten Reisen, die die Kadetten auf dem Schiff unternehmen. Früher galt es als böses Omen, wenn die Galionsfigur beschädigt wurde. Die GORCH FOCK verlor ihre Figur auf hoher See zweimal. In den vergangenen Jahren hatte das Schulschiff drei Todesopfer zu beklagen – die Zeitungen berichteten davon«. Jeder der Zuhörenden konnte sich an diese schlimmen Meldungen noch erinnern. Die genauen Umstände wurden allerdings bis heute nicht geklärt.

Auch ein anderes tragisches Unglück sorgte und sorgt für Gesprächsstoff. So hieß es im Jahr 1912, dass »Gott selbst dieses Schiff nicht versenken könnte«. Doch auf ihrer Jungfernfahrt ging die TITANIC, das berühmteste Passagierschiff, nach einer Kollision mit einem Eisberg auf dem Nordatlantik unter. Der Luxusliner hatte für den damaligen Stand der Technik die modernste Ausrüstung an Bord – nur die Taufe hatte das Schiff zuvor nicht erhalten.

Der leicht achterliche Wind mit Stärke 2 – 3 veranlasste Hans, eine Segelübung durchzuführen: »Konterbrassen und Mittelschot besetzen, vier Mann an die Brassen und Schoten auf dem Kastelldeck, Geitaue und Gordinge besetzen …«, rief er unter ermunterndem Händeklatschen. Auf dem Hauptdeck kamen die Jungs in Bewegung. Niko, Alex, Udo, Heinz-Herbert und Hermann sortierten die Taue und gaben Meldung: »Geitaue und Gordinge laufen frei, Konterbrassen und Mittelschot klar zum durchholen.« Auf dem Kastelldeck standen Werner, Otto und Peter an den Brassen und Schoten bereit.

Leuchtturm Robbenplate

1922 – 28 ließ der Wasserbauer Ludwig Plate die Verlegung des Fahrwassers vom Wurster in den Fedderwarder Arm durchführen. Dies erforderte eine vollständige Umstellung der Bezeichnung durch feste Leuchtfeuer in diesem Bereich.

Der Leuchtturm Robbenplate diente zuerst als einzelnes Feuer und ab 1931 zusammen mit Robbenplate Unterfeuer als Richtfeuerlinie. Oben bekam der Turm die vom Leuchtturm Meyers Legde neu demontierte gusseiserne Laterne aufgesetzt. 1960 wurde unter der Laterne ein stählernes Zwischengeschoss eingefügt und eine Radarantenne montiert. 1984 wurden die Radaranlagen der Außenweser erneuert.

Die größere Radarantenne konnte der gegen Schwingungen labile Turm nicht mehr aufnehmen, die alte wurde abgebaut. Um den gestiegenen Anforderungen an die Richtfeuerlinie zu entsprechen, wurde der Turm 1988 durch eine Mastkonstruktion verlängert und die Richtfeuerlaterne oben eingebaut. 1992 wurde zum Schutz des Mauerwerks vor Feuchtigkeit eine Aluminiumfassade vorgehängt.

Leuchtturm Robbenplate wird an Steuerbord passiert

Alex unterstützt das Ausrauschen des Rahsegels

Doch das Segel wollte nicht richtig ausrauschen. Das Fieren der Gordinge und Geitaue, das Ziehen an den Konterbrassen reichte aber nicht aus, und so musste sich Alex mächtig strecken und mit dem Bootshaken nach den Gordingen hangeln, die in das Unterliek des Segels einschneiden. Ein ziemlich unelegantes Verfahren, aber es half schließlich, und das riesige, etwa 200 m^2 große Rahsegel hing endlich. Der Wind war leider so schwach, dass er der Garderobe der UBENA nicht mal einen anständigen Bauch verschaffen konnte. Nach gut einer halben Stunde ließ der Kapitän wieder auftuchen.

Etwa eine Stunde später und etwa 5,5 Meilen weiter weserabwärts kam auf der Backbordseite der Leuchtturm Hoheweg in Sicht.

Für Peter, den Chief, wurde es Zeit, einen Kontrollgang durch den Maschinenraum und durch das Schiff zu machen. Er öffnete den Lukendeckel zum Maschinenraum. Sogleich verstärkte sich das Motorengeräusch an Deck und ein warmer Luftschwall stieg zu ihm empor. Er kletterte die enge senkrechte Leiter in die Maschine hinab.

Mittschiffs steht der Hauptmotor und auf der Backbordseite ist der Bordstromerzeuger, untergebracht. Beide Motoren sind damals von dem Mannheimer Motorenhersteller, MWM, gestiftet worden. Gesetzliche Bestimmungen machten es notwendig, dass auf der Kogge eine Fäkalienanlage installiert werden musste. Die Anlage nimmt auf der UBENA einen ziemlichen Raum auf der Steuerbordseite ein. Mit dieser Anlage wird sichergestellt, dass die Fäkalien aus dem Tank geklärt werden und das so aufbereitete Wasser nach dem Klärungsprozess ins Meer geleitet werden kann. Es besteht somit keine Umweltschädigung.

An der vorderen Maschinenraumwand, dem Schott, ist die Schalttafel eingebaut worden. Links daneben, auf der Backbordseite, wurde das relativ große Batterieladegerät eingebaut. Der Chief ahnte noch nicht, dass ihm dieses Ladegerät noch einigen Ärger bereiten wurde.

Der Motor lief gleichmäßig. Die Überprüfung der am Motor befindlichen Thermometer und Manometer ergab keine Unregelmäßigkeiten.

Leuchtturm Hoheweg

Dieser rund 36 m über dem Meeresspiegel hohe Mauerwerksturm aus Hartbranntziegeln geht zurück auf das Baujahr von 1856.

Mit der 1840 einsetzenden Dampfschifffahrt auf der Außenweser bis zu dem kurz zuvor gegründeten Hafenplatz Bremerhaven änderten sich die Anforderungen an die Fahrwasserbezeichnungen grundlegend. Die Bremer Bake auf dem Hoheweg-Watt und das dort liegende Feuerschiff genügten nicht mehr den Sicherheitsansprüchen der Schifffahrt. Bremen war deshalb bereit, beide Schifffahrtszeichen durch einen festen Leuchtturm zu ersetzen, der gegenüber einem Feuerschiff wesentlich geringere Betriebskosten erwarten ließ. Joh. J. van Ronzelen, der erste Hafenbaumeister Bremerhavens, übernahm den Auftrag zum Bau dieses Turms. Im Juni 1855 wurde mit der Gründung des Turmes begonnen, im Dezember 1856 konnte das Leuchtfeuer schon in Betrieb genommen werden.

Im Zuge des Ausbaus der Landradarkette Außenweser zur Optimierung der Sicherheit wurde der Turm 1962 mit einer Radaranlage ausgestattet. Bei den erforderlichen Umbaumaßnahmen wurde die alte, 2,4 m hohe Gürteloptik durch eine kleinere ersetzt. Die alte Gürteloptik, die bis 1941 mit einem Petroleumglühlicht betrieben wurde, ist heute im Schiffahrtsmuseum in Bremerhaven zu sehen. Ein mit Leinen vom Turm aus zu bedienender Windrichtungsanzeiger auf der Anlegebrücke, der der vorbeifahrenden Schifffahrt die augenblickliche Windrichtung und -stärke auf Borkum und Helgoland anzeigt, steht heute noch an der Schleuse am Neuen Hafen in Bremerhaven (siehe Semaphor).

1973 wurde der Leuchtturm Hoheweg, das älteste feste Leuchtfeuer der Außenweser, als letztes der »aktiven« Leuchtfeuer automatisiert, die Leuchtturmwärter wurden abgezogen.

Auf der Backbordseite kommt der Leuchtturm Hoheweg in Sicht

Die Hauptmaschine wird kontrolliert, das Herzstück der UBENA ist ein 8-Zylinder V-Motor, der rund 240 kW leistet. Hauptmotor, Getriebe und das Bordstromaggregat wurden seinerzeit von den traditionsreichen Mannheimer Motorenwerken (MWM) gestiftet.

Das Bordstromaggregat sowie Rohrleitungen werden inspiziert

Auch der Stromerzeuger schnurrte. Das Amperemeter in der Schalttafel zeigte nur eine relativ geringe Belastung an. Er blickte in die Bilge, in der sich etwas Seewasser angesammelt hatte.

»Bringen wir das Schiff auf einen Ausgangszustand: Wenn ich jetzt alles durchlenze, muss ich es nicht später machen«, dachte er sich.

Raum für Raum, angefangen von achtern im Maschinenraum, gefolgt vom Salon und den Schlafräumen sowie dem Kabelgatt wurde alles gründlich mit der elektrisch angetriebenen Lenzpumpe gelenzt (Abpumpen von Wasser aus dem Schiff).

Durch die hölzerne Bauweise des Koggerumpfes (anderes Baumaterial als Holz gab es damals noch nicht) mit ihrer Kraweel-Beplankung im flachen Bodenbereich, die an den Seitenwänden in eine Klinkerbeplankung übergeht, kommt immer etwas Seewasser in das Innere des Schiffes.

Nach einem letzten Blick durch den mit Motoren, Pumpen, Rohrleitungen, Ventilen, Hydraulikkomponenten, Batterieladegerät und Elektrik vollgestopften kleinen Maschinenraum, alles wie auf einem »richtigen« Schiff, stieg Peter über die Leiter wieder an Deck.

Niko, der Funktechniker, kontrolliert im Kartenhaus alle nautischen Instrumente

Auf seinem Wege in den Salon kam er an dem offenen Navigationsraum vorbei. Dort befand sich Niko, im Hauptberuf Geschäftsführer einer Firma für Nautische Instrumente und Geräte in Emden. Er kontrollierte gerade die auf der UBENA eingebauten Geräte auf Funktion. Niko ist der Spezialist für alle an Bord befindlichen elektronischen Geräte und Instrumente sowie die Zubereitung fantastischer Süßspeisen zum Nachtisch.

Von hier bis zum Niedergang in den gemütlichen Salon mit den beiden großen Tischen sind es nur zwei Schrittlängen. Auch hier wurden die Bilgen nochmals überprüft. Der weitere Kontrollgang führte ihn in den Schlafraum unter Deck. Auf beiden Seiten sind hier sechs Kojen eingebaut worden; immer zwei übereinander. Da die Crew auf dem ersten Abschnitt dieser Reise nur aus zehn Mann bestand, war auf diesem Törn genügend Platz vorhanden.

Leuchtturm Tegeler Plate

Als Ergänzung zur Verbesserung der Fahrwasserverhältnisse, die mit der Gesamtmaßnahme erreicht werden sollte, war der Bau eines weiteren Leuchtturms erforderlich. Hierbei ergab sich gleichzeitig die Möglichkeit, das weiter binnenwärts liegende Feuerschiff Bremen einzuziehen. Als Standort wurde die Tegeler Plate vorgesehen. Turmschaft und Obergeschosse des Leuchtturms Tegeler Plate wurden in reiner Stahlbauweise ausgeführt. Die Schafthöhe von rund 46 m, aber auch die örtlichen Flachwasserverhältnisse (i.e. mittl. Tideniedrigwasser etwa 2,5 m über Grund), ließen es zu, den Schaft in einem Stück 18 m tief in den Sand einzuspülen. Dabei sollte sich dieser Vorgang zunächst auf das Einspülen des Schaftes beschränken, der Turmkopf später unter Ausgleich von Abweichungen aufgesetzt werden.

Nach Ausführung der Stahlbauarbeiten in Wilhelmshaven wurden Turmschaft und Obergeschosse von einem mit starken Pumpen ausgerüsteten Bergungsschiff zum vorgesehenen Standort verbracht und eingespült. Das bereits zum Leuchtturm Alte Weser hin verlegte Stromversorgungskabel wurde in den neuen Turm »eingeschleift«. Betriebsbeginn war 1966 – von vornherein ferngesteuert und unbemannt. Lediglich für Wartungspersonal wurden Notunterkünfte vorgesehen. Steinschüttung sicherte die Sohle. Mit diesen Maßnahmen waren zwei wichtige Schritte zur Vertiefung der Außenweser getan.

Der Leuchtturm Tegelerplate
kommt auf der Steuerbordseite in Sicht

In jeder Koje lag, wie vorgeschrieben, eine Automatikrettungsweste, die sich im Wasser automatisch aufbläst. Natürlich kann die Weste auch durch manuelle Auslösung der Automatik oder durch aufblasen mit dem Mund in Betrieb genommen werden. Die Westen sind mit einer Bergungsöse versehen, in die auch ein Lifebelt (Sicherungsleine) mit drei Karabinerhaken eingehakt werden kann. Dieses Lifebelt ist auch zum Gebrauch an Deck während Schlechtwetterphasen zur Sicherung am Strecktau bestimmt.

Die Crew hat sich im Kojenraum eingerichtet

Auch diese Bilge war für heute trocken.

Wieder an Deck kam der Leuchtturm Tegelerplate auf der Steuerbordseite in Sicht.

»Schau mal da drüben die Seehunde auf der Alten Mellum« – es war Udo, der mit der Videokamera alles im Bild festhielt.

Peter beeilte sich, um auch noch den letzten Raum unter Deck, das Kabelgatt, zu inspizieren. Dieser Raum im Vorschiff beinhaltet den großen, rund 3 m^3 fassenden Frischwassertank mit den dazugehörigen Hydrofor-Pumpen. Hier lagert auch das Strecktau aus Stahldraht, ausgerüstet mit Schäkel, Spannschrauben und Abspanner. Das Strecktau wird in der Nähe des Bb-Ankers in einem Ring eingeschäkelt und wird dann nach Stb bis vor die Leiter zum Kastelldeck geführt, wo es im Ring an der Verschanzung eingeschäkelt wird. Nach dem Einschäkeln des Abspanners nahe der vorderen Nagelbank an der Stb-Seite wird das Tau mit den Spannscharuben gespannt. Es bietet nun mit Hilfe der Sicherheitswesten und der Lifebelts bei schwerem Wetter eine sichere Fortbewegung bei notwendigen Arbeiten an Deck. Außerdem wird das Kabelgatt als Bierlast genutzt. Rund zwanzig 50 l-Fässer sind im Augenblick hier gelagert. Die werden bestimmt während der Kieler Woche draufgehen. Mit dem guten Gefühl, dass das Schiff zurzeit trocken war, schloss der Chief die Luke, nachdem er wieder an Deck war.

Udo, mit 75 Jahren eines der ältesten Mitglieder der Crew und immer noch in seiner Rechtsanwalts- und Notar-Kanzlei von Zeit zu Zeit tätig, hatte Kaffee gemacht. Eine große Platte mit Kuchenstücken lag ebenfalls auf dem Tisch. Den Kuchen hatte er noch am frühen Morgen in Bremerhaven zusammen mit zwei großen Tüten frischer Brötchen gekauft. Als ob die Mannschaft es gerochen hatte – auf einmal waren sie alle am Tisch, ausgenommen Rudergänger und Kapitän. Frischer, heißer Kaffee und ein Stück Kuchen, dazu herrlicher Sonnenschein und kaum bewegte See – was konnte schöner sein! Udo und Alex brachten gefüllte Tassen und Kuchen auf das Kastelldeck zum Steuerstand. Hans und Thomas griffen begierig zu.

Hans zeigte auf die Backbordseite voraus: »Bald haben wir Deutschlands bekanntesten Leuchtturm, Roter Sand, und auch den neuen Turm, Alte Weser, auf Steuerbord querab. Wir haben bereits das Fahrwasser der neuen Weser verlassen und fahren nun mit Nordkurs im Fahrwasser der alten Weser ziemlich nahe am Leuchtturm Alte Weser vorbei und dann machen wir eine kleine Kursänderung, Richtung NNW, direkt auf Helgoland zu.« Hans erzählte den Umstehenden die Geschichte der beiden markanten Leuchttürme.

Steuerbord voraus konnte man schon die charakteristischen weißen Wasserdampffahnen der Lotsenversetzboote für die Elbe- und

Das Lotsen-Stationsschiff ELBE, bei den Lotsen bekannt als »Nordsee-Hotel« mit einem Versetztender

Leuchtturm Roter Sand und Alte Weser

Als im Jahre 1878 der preußische Handelsminister beim bremischen Senat die Schaffung eines neuen (dritten) Feuerschiffes in der Außenweser anregte, schlug das Tonnen- und Bakenamt in Bremerhaven vor, stattdessen ein festes Feuer auf dem Rande des Roten Sandes dicht am Fahrwasser zu errichten, ähnlich wie es bereits vor der englischen Küste mehrfach geschehen sei. Unter allen deutschen Leuchttürmen bildete der Bau des Rote Sand Leuchtturms wohl das kühnste und gefahrvollste Unternehmen. Sein Standort liegt an der Grenze zur offenen See, mitten im tiefen Wasser, in einem Gebiet mit ständigen Sandwanderungen und bei Sturm schweren Grundseen.

Die Fa. Bavier, Kunz und Weiss aus Bremen scheiterte 1881 bei den Gründungsarbeiten, als eine schwere Sturmflut den noch nicht weit genug mit Beton gefüllten Senkkasten zerstörte. Die Fa. Harkort aus Duisburg erhielt im August 1882 den Auftrag und beendete im Oktober 1885 erfolgreich die Herstellung.

Das erste Feuer war nur rd. 600 cd stark. Der Betrieb einer elektrischen Bogenlampe scheiterte oft durch Beschädigungen an dem dafür gelegten Seekabel nach Wangerooge, sodass dieser bald wieder eingestellt wurde. Das daraufhin eingeführte Petroleumlicht gab dem Feuer eine Lichtstärke von 6.500 cd. 1947 erfolgte die Umstellung der Befeuerung auf Strom, der durch ein Dieselaggregat auf dem Turm selbst erzeugt wurde. Damit hatte das Hauptfeuer eine Lichtstärke von 26.800 cd.

Seit der Fertigstellung des Leuchtturmes Alte Weser 1964 ist Roter Sand unbesetzt. Er verlor mehr und mehr seine Bedeutung als Nachtsichtzeichen, 1986 wurde das Feuer ganz gelöscht.

Deutschlands bekanntester Leuchtturm Roter Sand ist heute für die Öffentlichkeit zugänglich *

1987 wurde das Fundament durch Überstülpen einer 100 t schweren Stahlmanschette saniert. Sie umspannt den maroden Stahl/Beton/Stein-Sockel und dient der Erhöhung der Standfestigkeit.

Der Besitz ging am 09.10.1987 auf die Deutsche Stiftung Denkmalschutz über. Eigentümer bleibt die Bundesrepublik Deutschland. In den letzten Jahren wurde das Turminnere durch die Stiftung und den Förderverein »Rettet den LT Roter Sand« saniert. Seit 1999 besteht die Möglichkeit, den Turm zu besuchen und auch dort zu übernachten.

Der Leuchtturm Alte Weser wurde als Ersatz des 1883-85 erbauten Leuchtturmes Roter Sand von der Arbeitsgemeinschaft Holzmann AG, Strabag-Bau AG und Hermann Möller errichtet. Der zur Ausführung bestimmte Sonderentwurf stammt von dem Bremerhavener Ingenieur Andreas Carstens. Die Stahlkonstruktionen wurden ab Januar 1961 in Kiel bei den Howaldtswerken gefertigt. Für den Transport zur Wesermündung sowie als Arbeitsplattform wurde eine Hubinsel verwendet. Im Juni 1963 waren die wesentlichen und gefahrvollen Rohbauarbeiten zu Ende. Das Einziehen der Kabelschutzrohre und des 6 kV Starkstromkabels, die Montage der Notstromaggregate, das Aufstellen der Doppeloptik, das Montieren der Otterblenden und die Außenanstricharbeiten wurden im Laufe des Sommers 1963 durchgeführt. Im Frühjahr 1964 erfolgte der Anschluss des Turmes an die Stromversorgung von Land. Ende August 1964 nahm der Turm den Betrieb auf. Seine Funktion ist als Orientierungs- und Quermarkenfeuer für das Neue Weser-Fahrwasser, Leitfeuer für das Alte Weser-Fahrwasser, und Antennenträger für eine Station der Landradarkette Außenweser zu sehen.

Ende August 1964 nahm der Leuchtturm Alte Weser den Betrieb auf. Er dient als Orientierungs- und Quermarkenfeuer für das Neue Weser Fahrwasser sowie als Leitfeuer für das Alte Weser Fahrwasser, und ist als Antennenträger für eine Station der Landradarkette Außenweser zu sehen

Weserfahrt erkennen. Die Wasserdampffahne hat ihre Ursache in der Wassereinspritzung in die heißen Abgasrohre der Antriebsmotoren. Wie kleine Rennboote flitzen sie von aus- und einlaufenden Schiffen hin und her. Nehmen Lotsen auf, und bringen Lotsen an Bord!

Die Lotsen haben ihre Station auf dem neuen Lotsen-Stationsschiff ELBE, welches seit Mitte März 2010 in Betrieb ist. Das Stationsschiff sowie die Versetzboote wurden nach dem SWATH-Prinzip gebaut. Bis heute sind in der Elbemündung das Stationsschiff ELBE sowie die Versetzboote DÖSE und DUHNEN im Einsatz. Vor rund zehn Jahren wurde das Stationsschiff HANSE, ebenfalls in SWATH-Technik, in der Elbemündung eingesetzt. Die HANSE wird nun als Ersatzschiff für die ELBE und das neue Stationsschiff in der Wesermündung, WESER, eingesetzt. Die WESER hat im August 2014 ihren Dienst aufgenommen.

Oben:
Wie kleine Rennboote flitzen die Versetztender von aus- und einlaufenden Schiffen hin und her. Nehmen Lotsen auf und bringen Lotsen an Bord

Unten:
Gefahrloses und sicheres Übersetzen der Lotsen

Hans und Peter erklärten das Schiffbaukonzept: »Die Form des Rumpfes wurde in SWATH-Technologie konzipiert. SWATH steht für: Small Waterplane Area Twin Hull. D.h., die Plattform steht auf vier Stelzen, sogenannte Struts, die unter Wasser jeweils in zwei Schwimmkörpern, den Auftriebskörpern, enden. Durch diese Anordnung wird das Schiff weitestgehend vom Seegang entkoppelt und entwickelt so ein sehr gutes Seeverhalten gerade bei Seegang. Wellenbewegungen, die an der Wasseroberfläche am heftigsten sind, nehmen mit zunehmender Tiefe ab. Die beiden Auftriebskörper verjüngen sich zum Heck hin und besitzen zur weiteren Verbesserung des Seegangverhaltens zusätzlich im vorderen Bereich bewegliche Stabilisierungsflossen. Dadurch liegt das SWATH-Schiff auch bei stärkerem Seegang sehr viel ruhiger im Wasser als ein konventionelles Einrumpfschiff.

Vorteilhaft gegenüber herkömmlichen Einrumpfschiffen sind die in den Schwimmkörpern untergebrachten Antriebselemente, die vom Wohnbereich getrennt und kaum zu hören sind. So spricht man bei den Lotsen auch schon von den »Komfort-Hotels«. Hier warf Peter ein:

Die UBENA VON BREMEN an der Bunkerstation auf Helgoland

»Das kann ich nur bestätigen. Ich habe mal für einen Presseartikel zwei Tag an Bord der ELBE verbracht. Keine Vibrationen und absolute Ruhe sind die vorherrschenden Merkmale verbunden mit kaum Schaukelbewegungen, zumindest bis Windstärken von 6 bis 7 kn. Danach verholen die Schiffe in die Elbemündung.«

»Die ELBE wurde für einen Seeeinsatz von zwei bis drei Wochen konzipiert, dabei versorgt sie auch die Versetz-Tender mit allen Betriebsstoffen und ist Unterkunft für die im Schichtdienst fahrende Drei-Mann-Tender-Besatzung. Danach fährt die ELBE zum Mannschaftswechsel, Bunker- und Proviantübernahme zurück nach Cuxhaven. Das dauert ungefähr zwei Tage. Während dieser Zeit übernimmt die HANSE den Dienst.«

Logbucheintrag vom 8. Juni
19:00 Uhr fest an Bunkerstation Helgoland Nordosthafen.

Es wurde Zeit. Eigentlich hat die Bunkerstation auf Helgoland nur bis 19:00 Uhr geöffnet, aber Skipper Hans hatte die UBENA VON BREMEN schon von See aus angemeldet und die Notwendigkeit des

Bunkerns der Station mitgeteilt. Mit der ihm eigenen Präzision brachte Hans die Kogge in die gewünschte Position an der Bunkerstation im Nordosthafen und Minuten später war das Schiff belegt. Das Anlegemanöver war, obwohl die Crew erst einen Tag nach rund einem Jahr Kogge-Abstinenz wieder an Bord war, wie immer gekonnt: Vor- und Achterspring rüber, Vor- und Achterleinen rüber, belegen und fest. Deutlich und klar kamen des Skippers Anweisungen und die Crew folgte. Der Chief konnte nun die Hauptmaschine abstellen und die Vorbereitungen zum Bunkern einleiten.

Auf dem Hauptdeck befinden sich auf der Steuerbord- sowie der Backbordseite je eine Verschlussschraube, die den direkten Zugang zu den Kraftstoffvorratstanks im Maschinenraum zulassen. Peter hatte schon im Vorfeld alle Füllventile auf allen Tanks geöffnet. Es sind dies die beiden Haupt- sowie die beiden Seitentanks. Die Haupttanks fassen jeweils 1.360 l und die Seitentanks jeweils 360 l Dieselkraftstoff. Die beiden Seitentanks sind Reservetanks. Jan Hermanns, der Mann von der Bunkerstation, reichte einen Bunkerschlauch mit Füllpistole an Bord, und Thomas, einer der Steuerleute auf der Kogge, ließ die ersten Liter des goldenen Stoffs in den Steuerbordtank laufen. Dazu musste er sich auf das Deck setzen und die Füllpistole ständig gedrückt halten: Die Fülleinrichtung hat keine Arretierung, wie man es sonst von den an Land befindlichen Tankstellen kennt. Thomas maulte: »Mit diesen kleinen Füllschläuchen sitzen wir noch morgen früh hier – da ist doch noch ein Schlauch. Gib' den mal rüber!« Tank-Stationschef Hermanns hatte den Umstand auch erkannt und bald saß auch Werner, wie sich noch herausstellen wird, der ultimative Unterhaltungs-Künstler auf der UBENA, an der zweiten Füllstelle und nun lief der Kraftstoff zumindest doppelt so schnell in die vorgesehenen Tanks. Nach gut einer Stunde war es geschafft: alle Tanks voll bis an die »Oberkante Unterlippe«. 2.990 l standen auf der Tankuhr!

Udo befüllt die Kraftstofftanks

Für diesen Kunden blieb Jan Hermanns gern etwas länger im Dienst, wo er doch sonst überwiegend nur Freizeit-Segler zu betanken hat.

Motorüberhitzung mit Folgen

Ein Schlauch muss her …

Logbucheintrag vom 08. Juni
20:15 Uhr Maschine klar und alle Leinen los,
Verholen in den inneren Südhafen von Helgoland

An der Bunkerstation konnte die UBENA über Nacht nicht liegen bleiben, sie musste in den inneren Südhafen verholen. Es war nur eine relativ kurze Strecke mit einer Gesamtverholzeit von rund 20 min. Die 10-köpfige Crew inklusive Kapitän und Chief waren sich einig: Heute Abend sollte die Bordküche kalt bleibe. Man freute sich auf eine kulinarische Helgoländer Köstlichkeit – den Knieper.

Doch bis dahin musste die Kogge erstmal an ihrem Liegeplatz ankommen. Alle Mann standen an Deck bzw. an ihren Posten. Auch der Chief erfreut sich beim Anblick der weltbekannten Insel in der Deutschen Bucht in der späten Abendsonne.

Schlagartig wurde der Maschinengewaltige aus seiner Träumerei gerissen: Den Alarm, das irgendetwas im Maschinenraum unklar ist, konnte man nicht überhören! Blitzartig rannte er in das auf dem Hauptdeck befindliche Kartenhaus auf der Steuerbordseite und quittierte den Alarm auf dem Überwachungspanel. Er öffnete die Einstiegsluke in den Maschinenraum und stieg so schnell es ging die enge Niedergangsleiter in den kleinen Maschinenraum hinab.

Ein Blick auf die über dem Hauptmotor befindliche Instrumententafel signalisierte ihm einen Temperaturalarm des Hauptmotors! Der zweite Blick ging direkt auf das Thermometer, eingebaut in dem Kühlwasseraustritt des Motors. Dieses Thermometer ist wichtig, denn wie oft kommt es vor, dass die Elektronik aus irgendwelchen Gründen verrücktspielt, obwohl die analogen Temperatur- und Druckanzeigen korrekte Werte anzeigen. Doch in diesem Fall zeigte das Fadenthermometer für diese gefahrene Motordrehzahl und die damit verbundene niedrige Leistung einen viel zu hohen Wert an: 92° Celsius! Das ist für diesen Motor entschieden zu hoch! So schnell es ging kletterte er aus dem Maschinenraum und rannte an die Vorderseite des Kastelldecks, auf der sich der eigentliche Steuerstand der Kogge befindet. »Hans, runter mit der Drehzahl und so langsam wie möglich bis zum Festmachen weiterfahren! Der Motor wird heiß!«

Nun war der Skipper gefordert: Mitten im Anlegemanöver, bei dem die Maschine benötigt wird, musste er seine ganze seemännische Erfahrung einbringen, um die Kogge trotz angeschlagener Maschine sicher an die Pier zu bringen. Hans wäre nicht Hans, wenn er das nicht schaffen würde. Keine acht Minuten später kam für den Chief die erlösende Nachricht: »Maschine fertig« und er konnte den Motor abstellen. Damit war die Gefahr einer Motorenüberhitzung und als weitere Konsequenz ein möglicher Kolbenfresser gebannt. Wieder im Allerheiligsten galt es, nun die Ursache der zu hohen Temperatur zu finden.

Schnell wurde die obligatorische Taschenlampe aus dem Overall gezogen und der Motor abgeleuchtet. Zufall, Glück oder Erfahrung? Er konnte es im Moment auch nicht genau beantworten. Die Schwachstelle wurde schnell gefunden: Die Kühlwasseraustrittsleitung aus dem Ladeluftkühler führt wieder zurück in den Motorblock. Diese Stahlleitung ist unterteilt, und die Unterteilung mit einem Gummischlauchstück verbunden. An jedem Ende ist das Schlauchstücks mit je einer verschraubbaren Schlauchschelle versehen. Und genau dieses Schlauchstück hatte einen zirka 1 cm langen Riss, aus dem nun das Motorkühlwasser 'rausspritzte! Gerade in dem Moment des Verholens, von der Bunkerpier zum Liegeplatz, war dieses Schlauchstück geplatzt. Der abgesunkene Kühlwasserstand im Motor gewährleistete keine sichere Kühlung mehr. Und der niedrige Wasserstand im Motor löste den Alarm aus.

Helgoland

Obwohl Helgoland im Allgemeinen bekannt ist, zitierte Bernd aus einem Reiseführer die wichtigsten Merkmale: Helgoland ist Deutschlands am weitesten vom Festland entfernte Insel. Die Nordseeinsel besteht aus der Hauptinsel, die sich in Unter- Mittel- und Oberland gliedert, und der seit 1721 (durch die große Neujahrsflut) abgetrennten Insel Düne.

Der Name der Insel wird häufig mit niederdeutsch Heiliges Land übersetzt, andere vermuten den gleichen Wortstamm wie beim Wort Hallig. Helgoland bildet mit seinen etwa 1.300 Einwohnern eine amtsfreie Gemeinde im Kreis Pinneberg in Schleswig-Holstein. Diese ist zwar Teil des deutschen Wirtschaftsgebiets, gehört aber weder zum Zollgebiet der Europäischen Union noch zum deutschen Steuergebiet. Helgoland ist ein staatlich anerkanntes Seeheilbad. Es stehen etwa 2.000 Betten in Privatquartieren, Pensionen und Hotels zur Verfügung. Die Zoll- und Steuerbefreiung Helgolands lockt, vor allem in den Sommermonaten, Tagesausflügler auch zum Duty-Free-Shopping auf die Insel. Allerdings wird der Preisvorteil aufgrund des Wegfalls der Mehrwertsteuer und der Einfuhrzölle durch die ausschließlich auf Helgoland erhobene Gemeindeeinfuhrsteuer gemindert. Aufgrund der niedrigen Benzinpreise gilt Helgoland unter Sportbootkapitänen zudem als Geheimtipp für Törns in der Deutschen Bucht. Die der Hauptinsel vorgelagerte und per Fähre zu erreichende Düne ist bevorzugtes Ziel derjenigen Urlauber, die nicht nur als Tagestouristen auf Helgoland verweilen und sich vor dem täglichen Touristenandrang dorthin zurückziehen. Auf der Düne teilen sich die Badegäste an manchen Tagen den Strand mit Seehunden und Kegelrobben, die ihre Scheu gegenüber Menschen weitgehend abgelegt haben.

Helgoland ist Deutschlands am weitesten vom Festland entfernte Insel.
Die Nordseeinsel besteht aus der Hauptinsel, die sich in Unter-, Mittel- und Oberland gliedert.

Knieper-Essen auf Helgoland

Die Scheren der Taschenkrebse

Logbucheintrag vom 08. Juni
21:00 Uhr Schiff fest an der Westkaje im inneren Südhafen von Helgoland. Hauptmaschinenüberhitzung, Schlauchverbindung am Motor gerissen.

Inzwischen war es 21:00 Uhr geworden und die Crew wollte Essen gehen. In Übereinstimmung mit dem Kapitän wurde die Reparatur am Hauptmotor auf den nächsten Morgen verschoben.

Ganz wohl war es Peter nicht in seiner Haut: Eine Landstromversorgung gab es für die UBENA auf Helgoland nicht. Somit musste das Bord-Stromaggregat durchlaufen. Und nun wollte die Crew essen

Auf das Knieper-Essen hat man sich schon lange gefreut

gehen – ohne Wache an Bord! Aber er vertraute dem Motor. Ist er doch mit diesem Motortyp aus seiner Zeit als Vertriebs-Produkttrainer für einen großen deutschen Motorenhersteller bestens vertraut. Der Motor ist schon sehr zuverlässig.

Aufgrund der vorgerückten Stunde machte sich die Crew nicht mehr »landfein«. Alex kannte das Restaurant auf Helgoland, in dem es den »besten Knieper« gibt. Doch das Lokal hatte an diesem Tag geschlossen. Ein paar Straßenecken weiter, in der Friesenstraße, war jedoch Weddigs Fischerstube geöffnet. Die Crew hatte Glück: Das kleine gemütliche Restaurant war nur wenig besetzt. Es dauerte nicht lange, und es standen wahre Berge von Knieper auf dem Tisch. Dazu gab es ein gutes Pils vom Fass.

Es war schon spät, als die Crew den Weg zurück an Bord der UBENA antrat. An Bord angekommen, dachte noch keiner daran, in die Koje zu gehen. Bei weiteren, frisch gezapften Bieren holten Werner und Udo, die Bordbarden, ihre Musikinstrumente, eine Gitarre und ein Akkordeon, hervor und bald wurden die ersten Shanties gesungen. Es klang noch nicht so richtig. Die Zunge war noch nicht gelöst. Doch das sollte sich bald bessern.

Der Helgoländer »Knieper«

»Knieper werden traditionell in Meerwasser zubereitet«, beschreibt die Bewirtung des Restaurants der Kogge-Besatzung das bestellte Essen: »Knieper« – Kneifer – heißen im Helgoländer Friesendialekt Halunder die Greifwerkzeuge der Taschenkrebse, mit denen sie mühelos Muscheln öffnen und ab und zu Fische angreifen.

Wir Insulaner schwören auf die traditionelle Zubereitung in Meerwasser. »So wurden früher auch die Hummer gekocht, man kann sogar noch etwas-Salz dazugeben!« Zum Aushöhlen der Panzerung benutzt ihr dieses (sie zeigt auf das Besteck) spezielle Knieperbesteck. Manchmal müsst ihr die Scheren zuvor aufbrechen, um an das leckere Fleisch zu kommen«. Eine Besonderheit dieser Krebse ist, dass ihnen ausgerissene Scheren nachwachsen. So können Taschenkrebse sich auch selbst von den Scheren trennen, wenn sie von einem Vogel aus dem Wasser gefischt werden, dabei bleibt dann die abgeworfene Schere im Schnabel des Vogels und der Krebs fällt zurück ins Meer.

Eine Besonderheit dieser Taschenkrebse ist, dass ihnen ausgerissene Scheren nachwachsen. So können Taschenkrebse sich auch selbst von den Scheren trennen, wenn sie von einem Vogel aus dem Wasser gefischt werden, dabei bleibt dann die abgeworfene Schere im Schnabel des Vogels und der Krebs fällt zurück ins Meer

Die beiden Scheren der Taschenkrebse sind eine Delikatesse: Sie sind die Knieper

Verhindertes Auslaufen

Nebel und noch mehr …

Logbucheintrag vom 9. Juni
09:00 Uhr: Liegen weiter auf Helgoland wegen Nebel und unklarer Maschine

Der nächste Morgen zeigte sich wettermäßig nicht gerade von seiner besten Seite: Nebelschwaden lagen über der Insel! Hans war überhaupt nicht begeistert. Aber da das Maschinenproblem noch nicht beseitigt war, bestand durch das spätere Auslaufen Hoffnung auf Wetterbesserung.

Udo hatte für die Dauer des Törns die Aufgabe der »frischen Brötchen-Versorgung« übernommen. Nach rund 20 Min kam er mit Brötchen beladen zurück – zehn ausgewachsene Männer wollten gesättigt werden: »Ich war direkt beim Bäcker in der Backstube – die Brötchen sind noch warm«! Niko übernahm die Kombüse und kochte Kaffee. Nebenbei bereitete er das beliebte Seemanns-Frühstück zu: Rührei mit Speck.

Zwischenzeitlich fassten alle mit an und bald waren die Tische im Salon unter Deck gedeckt.

Nach dem Frühstück suchte der Chief im Maschinenstore nach einem Reserveschlauch, den er für das defekte Teil auswechseln könnte. Doch daraus wurde nichts: Entweder war der Durchmesser der verfügbaren Schläuche zu groß oder zu klein. Der Maschinenkollege eines vor der UBENA liegenden Fischkutters half mit einem geeigneten Schlauch aus und bald war der Schaden behoben. Ein zweistündiger Probelauf verschaffte die Gewissheit, dass die Kühlwassertemperatur wieder im zulässigen Bereich lag.

Chief Peter bei der Reparatur eines geplatzten Kühlwasserschlauchs

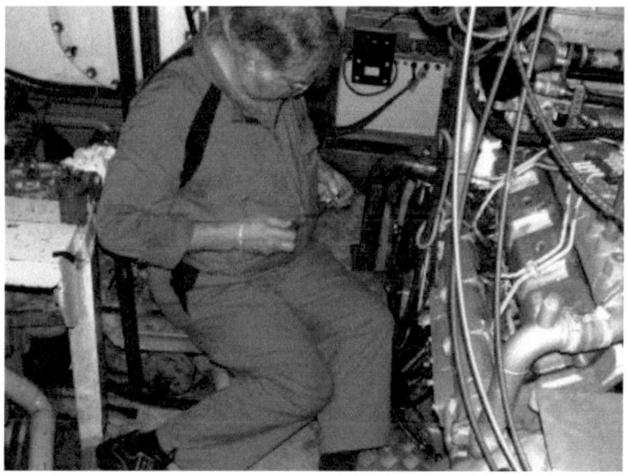

Leider ließ der dichter gewordene Nebel ein Auslaufen noch immer nicht zu. Auch der Wetterbericht versprach für die nächsten

Stunden nichts Gutes. Und deswegen wurde die nun verfügbare Zeit zum Einkaufen von zollfreien Waren, Zigaretten, Tabak sowie Whisky und Rum genutzt.

Während dieser untätigen Zeit vereinbarte Skipper Hans mit dem Chief, die Kontrollelemente an Bord auf ihre Funktion hin zu überprüfen. Das sind in erster Linie die Fernbedienungen, die von Deck aus zu aktivieren sind, falls der Maschinenraum, im Fall von Feuer oder Wassereinbruch, nicht mehr begehbar sein sollte. Die Fernbedienungen sind im Kartenhaus auf dem Hauptdeck angeordnet. Sie werden mechanisch über Drahtseile mit den federbelasteten Kraftstoff-Absperrventilen, sogenannte Schnellschlussventile, an den beiden Vorratstanks verbunden und schließen bei Betätigung die Ventile. Damit bekommen die Motoren keinen Kraftstoff mehr.

Der Eintrag im Schiffstagebuch ist typisch kurz: Kontrollelemente überprüft, i.O. Schiff in allen Teilen seeklar, Besatzung eingewiesen.

Der Hafenkapitän kam auf seinem Fahrrad vorbei und erklärte Hans, dass die UBENA etwa 50 Meter weiter südwärts, an die gleiche Pier, verholen soll. Der Grund sind die Geräusch- und Geruchsbelästigung des Dieselgenerators der Kogge: Die Crews der an der seeseitigen Pier gelegenen Segelyachten fühlten sich gestört! Da konnte man nichts machen. Andererseits hat dieses kleine Manöver auch etwas Gutes: Die Maschinenanlage konnte unter Betriebsbedingungen ausprobiert werden.

Als alle Landverbindungen getrennt und an Bord waren, wollte Hans mit dem Bugstrahlruder das Schiff von der Pier wegdrücken. Doch der Bugstrahler knurrte und brummte nur – aber das Schiff bewegte sich nicht! Eine Überprüfung der Hydraulikanlage ergab nichts Negatives. Kapitän und Maschinist versuchten, die Ursache für dieses neue Problem zu ergründen. Hans Vermutung, dass »sich etwas im Bugstrahler befindet, was da nicht hingehört« wurde nachgegangen.

Das an Bord befindliche Schlauchboot wurde zu Wasser gelassen und Bord-Arzt Helmuth mit Alex versuchen per Tauchgang an den Bugstrahler zu kommen. Es war Helmuth, der sich in das 12 Grad kalte

Bugstrahlruder

Ein Bugstrahlruder (engl: bow thruster) ist eine zusätzliche Ruderanlage im Vorschiff unterhalb der Wasserlinie zum besseren Manövrieren des Schiffes, d.h. Verringerung des Dreh- bzw Wendekreises. Das Bugstrahlruder (oder auch Querstrahlruder) ist ein rohrförmiger Durchgang durch die gesamte Schiffsbreite. Quer eingesetzt in dieses Rohr ist eine Propelleranlage, welche es ermöglicht, durch Änderung der Drehrichtung des Propellers das Vorschiff nach Backbord oder Steuerbord zu bewegen. Angetrieben wird der Propeller durch einen im Schiff installierten Diesel-, Elektro- oder Hydraulikmotor.

Alex und Helmut wagen sich ins 12 Grad kalte Wasser, um den Bugstrahler zu kontrollieren

Nordsee-Wasser gleiten ließ! Alex hielt die Leine im Boot, mit der Helmuth gesichert war. Doch auch dieses Manöver ergab kein Resultat. Nachdem die beiden und das Schlauchboot wieder an Bord waren, wurde ein weiterer Versuch mit dem Bugstrahler unternommen. Was für ein Wunder: aus irgendwelchen Gründen funktionierte es wieder! Auf dem gesamten weiteren Verlauf des Törns hatte der Bugstrahler die UBENA nicht mehr im Stich gelassen.

Das Wetter hatte sich nicht gebessert: Ein bleigrauer Schleier verhängte auch jetzt, am Nachmittag des 9. Juni, noch immer den Hafen von Helgoland. Der leichte Südwestwind hatte nicht die Kraft, ihn zu heben. Skipper, die mit ihren Segelyachten am späten Vormittag die Marina verlassen hatten, kehrten nun reumütig zurück: Draußen ist es »pottendick«. Leichtsinn, wer nun doch noch fuhr!

Gegen Abend setzte eine leichte Wetterbesserung ein und Hans gab vorsichtshalber schon mal den Auslauftermin sowie die weitere Törnplanung bekannt: »Peter, bitte die Maschine für 04:00 Uhr klarmachen und dann benötige ich noch drei Freiwillige zum Ablegen. Es wird ein langer Tag – wir wollen versuchen in einem Schlag bis nach Thyboron zu kommen. Auf direktem Weg sind es rund 150 sm. Je nach Wind und

Werner löst die Zungen – und bald singen alle mit

Strömung können wir in etwa 35 Stunden im Hafen sein. Die Wachen dazu teilen wir morgen ein. Also feiert nicht allzu lange.« Niko, Bernd und Alex meldeten sich für das Ablege- und Auslaufmanöver. Für den Chief bedeutete das mindestens 03:30 Uhr »raus aus der Koje« und die Diesel starten. Aber alles nur unter der Voraussetzung, dass das Wetter nicht wieder schlechter wurde. Andererseits durfte die UBENA nicht noch mehr Zeit verlieren, wollte man an dem Törn durch den Limfjord festhalten. Noch ein weiterer Aspekt musste bedacht werden: in Thyboron stiegen ein paar Jungs aus. Dafür kam Ersatz, der die Kogge bis nach Kiel begleitete.

Niko begab sich alsbald in die Kombüse und bereitete das Abendessen vor. Es sollte Spaghetti mit selbst gemachter Tomatensauce geben, dazu wurde geröstetes Knoblauch-Brot gereicht. Ein guter italienischer Chianti rundete das Essen ab.

Tagesausklang bei weiteren Gläsern Wein mit unglaublich vielen »Döntjes« und noch mehr Witzen aus dem Munde von Werner. Ein Blick zum nächtlichen Himmel versprach »Auslaufen am frühen Morgen«.

Peter beschloss, vor dem »in die Koje gehen« noch eine letzte Runde durch den Maschinenraum zu drehen. Kaum, dass er vom Tisch aufgestanden war, ertönte urplötzlich die Feueralarmsirene! Rein ins Kartenhaus, den Alarm quittieren und dann die wenigen Schritten zum Maschinenraumluk, welches er schnell öffnete. Dichter Qualm stieg ihm entgegen. Um zu wissen, was passierte, musste er in den Maschinenraum steigen. Der Qualm kam von der Bb-Seite aus Richtung Vorschiff. Vorsichtig und mit Herzklopfen ging er in Richtung der Qualmentwicklung. Der Rauch biss ihm in die Augen. Schnell wurde der Verursacher gefunden: Es war das schon etwas altersschwache Batterieladegerät! Rasch wurde die Stromzufuhr unterbrochen und das Maschinenraumgebläse eingeschaltet. Nach etwa zehn Minuten begann sich der Rauch zu verziehen. Auch Niko kam zur Unterstützung in die Maschine. Gemeinsam wurde das verfügbare Ersatz-Ladegerät angeschlossen. Ein Test verlief positiv und somit konnten die Batterien wieder geladen werden. Bis zum Ende des Törns in Kiel bereitete das Reservegerät keine Probleme mehr.

Spaghetti mit selbst gemachter Tomatensauce

Für die Sauce:
Zutaten: 500g Speck gewürfelt (Tulip), 500g Rinderhack, 4 Mohrrüben, Sellerie (gleiche Menge wie Mohrrüben, 1-2 Petersilienwurzeln, 3 Zwiebeln, 4 Zehen Knoblauch, 1 Knolle Fenchel, Thymian, Rosmarin, Oregano, Pfeffer, Salz, Paprika, 1Tube Tomatenmark, 1l Rotwein, 1 Dose Tomaten (850g), Sweat Chicken Chilly Sauce (aus dem Thailaden), 1 Paket Mascarpone.
1000 g Nudeln, Salz und Pfeffer.

Die Spaghetti in reichlich Salzwasser bissfest kochen.

Derweil Gemüse schön klein hacken. Speck glasig anbraten, dann Zwiebeln und Hack dazu geben und weiter anbraten, schon mal mit Pfeffer, Salz und Paprika würzen. Restliches Gemüse und Knoblauch dazu, noch ein bischen weiter anbraten, dann mit Rotwein ablöschen (ganze Flasche!). Mindestens eine gute Stunde schön köcheln lassen, dann einreduzieren und danach Tomaten und Tomatenmark dazu geben. Mit Thymian, Oregano, Rosmarin und den anderen Gewürzen abschmecken. Anstatt Zucker einen ordentlichen Schuss Sweat Chicken Chilly Sauce hinein, Mascarpone unterrühren.

Zum Schluss einen guten Balsamico-Essig und kleingehacktes Basilikum kurz vor dem Servieren in die Sauce geben – gibt der Sache den letzten Pfiff!

Geröstetes Knoblauchbrot Zutaten:
6 Knoblauchzehen (oder auch mehr), 3 Tomaten, Basilikumblätter, pro Person 2 Scheiben Weißbrot, 12 EL Olivenöl.

Knoblauchzehen schälen und halbieren, die Tomaten waschen und in kleine Würfel schneiden. Das Basilikum waschen, abtrocknen und in Streifen schneiden, mit den Tomatenwürfeln vermengen, salzen und pfeffern, Brotscheiben auf der Herdplatte goldbraun rösten. Die heißen Brotscheiben mit dem Knoblauch einreiben und mit Olivenöl beträufeln. Die Tomatenmasse darauf streichen und die Brote sofort servieren.

Richtung Norden und weitere Hindernisse

Dicht unter Land – falls doch etwas schief gehen sollte

Logbucheintrag vom 10. Juni
Auslaufen Helgoland bei diesiger Sicht und Regen

Der kleine Reisewecker in der Kojenablage meldete sich mit mäßiger Lautstärke pünktlich um 03:30 Uhr. Der Chief war augenblicklich hellwach und beendete den Weckalarm. Leise kroch er aus der Koje und kleidete sich an. An Deck angekommen ging der erste Blick in den noch dunklen Himmel und in die Runde. Die Leuchtfeuer in der Hafeneinfahrt waren nur schwach erkennbar. Also weiterhin diesig. So früh am Morgen war erstmal Katzenwäsche angesagt. Duschen kam später. Und dann war es auch noch ziemlich kühl an diesem Morgen.

Bevor Peter das Maschinenraumluk öffnete, sah er Niko die Treppe hochkommen. Das kurze »Moin, ich mach' dann schon mal Kaffee«, von ihm war beruhigend. Die Seeventile öffnen, den Ölstand der Hauptmaschine und des Getriebes peilen (überprüfen), den Kühlwasserstand des Motors am Ausgleichsbehälter kontrollieren, sind Handgriffe die ihm in Fleisch und Blut übergegangen sind. Kurze Zeit darauf wurde der Motor gestartet und einige Minuten überprüft, ob alles »rund« lief. Auch der Stromerzeuger erhielt eine Kontrolle. Alles war augenscheinlich in Ordnung.

Wieder an Deck, stand schon der heiße Kaffee auf der Back und auch die Tassen fehlten nicht. Mit einer Tasse dampfenden Kaffees in der Hand wurde der erste Klönsnack mit Niko gehalten, der seine erste Zigarette des Tages rauchte. Und dann erschien auch Skipper Hans aus seiner Kabine. »Moin Männer – alles klar? Gibt's schon Kaffee?« waren seine ersten Worte. Bald trank auch er mit vorsichtigen Schlucken den heißen Wachmacher. Peter meldete ihm: »Maschine ist klar.« Nach guter alter seemännischer Tradition bedankte sich der Kapitän: »Danke, Chief.«

Die Uhr zeigte 04:00 Uhr als Hans den Befehl: »Los alle Leinen« gab. Mit langsamer Fahrt manövrierte er die Kogge gekonnt sicher aus dem Südhafen von Helgoland in den betonnten Zwangsweg. Bei leichter Sichtbesserung von etwa 1 sm, allerdings nun mit einsetzendem Regen, erreichte die Kogge nach gut 45 Min das offene Fahrwasser. Hans steuerte jetzt auf nördlichem Kurs Richtung Thyboron.

Niko überprüfte zwischenzeitlich die funktechnischen Geräte und stellte dabei fest, dass der DSC-Controller (Digital Selective Calling (DSC) ist ein Anrufverfahren im Seefunk, das alternativ zum Sprechfunk-Anruf benutzt wird) nicht funktionierte. Mit einem zweistündigen Reset wurde das Gerät wieder betriebsbereit gemacht.

Das Wetter und die Sichtbedingungen waren alles andere als gut zu bezeichnen. Rudergänger war Niko. Die Übrigen waren nun Ausguck. Bewegte man sich doch im internationalen Fahrwasser – da hieß es Aufpassen!

Bei dem wenigen Wind (O 2-3) wurde es nichts mit Segeln – also musste mit Motor gefahren werden. Der durchdringende schrille Ton der Alarmanlage störte die Ruhe! Und wieder war es Peter, der schnell vom Kastelldeck auf das Hauptdeck runterkletterte, den Alarm im Kartenhaus quittierte und weiter in die Maschine hinabstieg. Das Thermometer am Motor zeigte ihm eine Motorkühlwassertemperatur von 90°! Das war zu viel. Den Kopf aus der Maschine steckend schrie er zum Steuerstand: »Drehzahl runter« Es begann wieder das schon bekannte Prozedere: Ableuchten des Motors auf äußere sichtbare Undichtigkeiten. Doch diesmal war nichts zu erkennen. Auch der Kühlwasserstand im Ausgleichsbehälter war normal. Die mit Keilriemen vom Motor angetriebene Kühlwasserpumpe zeigte auch keine Auffälligkeiten. Mit dem Absenken der Drehzahl auf 1000/min ging die Temperatur sogleich runter auf 70°. Langsam tastete er sich durch Erhöhen der Motordrehzahl an eine noch tolerierbare Temperatur heran. In stufenweisen Schritten erhöhte Peter die Drehzahl bis auf 1400/min. Und mit der Steigerung der Drehzahl kletterte auch die Kühlwassertemperatur. Bei 86° ließ Peter wieder auf 1300/min reduzieren. Eine gute halbe Stunde saß er nun vor dem Motor und beobachtete das Thermometer. Ganz offensichtlich hatte sich die Temperatur wieder stabilisiert, und er wagte es, die Maschine wieder zu verlassen. Am Steuerstand informierte er Hans und die Anderen von der Situation. »Bitte achtet auf die Drehzahl und das Fernthermometer. Sowie ihr ein

Dreifacher Ausguck am Steuerstand wegen schlechter Sicht

Nun wird's ganz dick: Ein zusätzlicher Ausguck auf dem Vorschiff wegen Nebel

Ansteigen der Temperatur feststellt, reduziert bitte sofort die Drehzahl«. Mit einem letzten: »… und sagt mir Bescheid« kletterte er vom Kastelldeck auf das Hauptdeck und von hier runter in den Salon, wo die übrige Mannschaft schon das Frühstück einnahm. Doch das wollte nicht so richtig schmecken – waren seine Gedanken doch bei der Maschine: Was könnte die Ursache für den plötzlichen Temperaturanstieg sein?

Zwischenzeitlich hatte Hans den Kurs leicht geändert und steuerte Richtung Nordfriesische Inseln, um dichter unter Land zu fahren, falls die Maschine ihren »Geist« aufgeben sollte. Hier, dichter unter Land, würde es mehrere Möglichkeiten geben, einen Hafen anzulaufen. In dieser Situation konnte keiner aus der Crew dem Chief helfen. In Gedanken ging er alle Möglichkeiten durch: War möglicherweise die Kühlwasserpumpe defekt? Oder war der Wärmetauscher verschmutzt? Sicherheitshalber rief er einen befreundeten Motorentechniker an. Der war sich ziemlich sicher, dass der Wärmetauscher verschmutzt war. Doch den konnte Peter im Moment nicht demontieren – dafür müssten wir erstmal in Thyboron ankommen.

Das Wetter verschlechterte sich zunehmend: Der Nebel wurde dichter. Hans postierte nun einen Ausguck auf dem Vorschiff. Himmel und Meer verschwammen in einem übergangslosen, milchigen Horizont.

Bei allen Wetterlagen wird vom offenen Steuerstand auf dem Kastelldeck gesteuert

So vergingen die Stunden. Mal wurde es sichtmäßig ein wenig besser, aber nach einigen Minuten verdichtete sich der Nebel wieder. Jeder an Bord war angespannt und passte auf. Auch Rasmus half nicht – obwohl er heute wieder den ersten Schluck aus der Sherry-Flasche bekommen hatte.

Öfter als sonst kontrollierte Peter heute den Hauptmotor. Am Generatormotor war nichts zu bemerken – der schnurrte beruhigend. Am späten Nachmittag passierte die Kogge die Insel Sylt – sichtbar am Radargerät, das von Hans und Niko aufmerksam beobachtet und keine Sekunde aus den Augen gelassen wurde.

Alex hatte sich in seine Kombüse verzogen und bereitete das Abendessen vor. Er hatte sich etwas Besonderes ausgedacht: Dorsch-Schichtbraten. Den dazugehörigen Dorsch hatte er eigenhändig während eines Hochsee-Angelurlaubs auf Island geangelt. Die dazugehörige Geschichte wollte er uns beim Essen erzählen.

Wer nicht gerade auf Wache war, stand am Tisch auf dem Hauptdeck unter dem Kastelldeck, vor Wind und Wetter geschützt, und schaute Alex bei der Zubereitung zu. Nach gut einer Stunde zog er die Pfanne mit dem Fisch aus der Röhre und servierte sogleich. Das tolle Essen

Trotz Nebel: Sherry-Time muss sein

Unten:
Nach dem guten Essen sitzt man noch lange am Tisch: Der Eine raucht seine Pfeife, der Andere erzählt einen Witz

entschädigte ein wenig für die Nebelfahrt und einer langen, noch vor uns liegenden Nachtfahrt!

Nach dem Essen holte Bordarzt Helmuth eine Schachtel Zigarren aus seinem Gepäck hervor und bot sie in der Runde an. Doch Helmuth war der einzige, der letztendlich die Zigarre in Brand setzte. Ganz offensichtlich genoss er bei einem Glas Rotwein seine Zigarre. Nach einiger Zeit musste er »mal schnell die Vorpiek lenzen« (seemännisch für: die Toilette besuchen). Alex, der ebenfalls am Tisch saß,

Schichtbraten

5kg Dorschfilets, ca. 750g Bauchspeck, 3 weiße und 3 rote Zwiebeln, 400g Dill, Schnittlauch, Petersilie (grob), 5 Knoblauchzehen, 500g Creme Fraîche, 250ml Schlagsahne, 1 Glas Senf, 1 Glas Tomatenmark, 500g Butter, Pfeffer und Salz, Parmesan, Paniermehl

Fischfilets trockentupfen und leicht salzen. Auflaufform ausbuttern und mit einer Lage Fisch auslegen. Speck, Zwiebeln, Kräuter und Knoblauch kleinhacken.

Creme Fraiche und Sahne mischen. 1. Lage mit Creme Fraiche und Senf bestreichen (5mm), dann ordentlich Zwiebeln und Kräuter aufstreuen. Wieder eine Lage Fisch. Diese mit Tomatenmark besteichen, dann mit Speck, Zwiebeln, Kräutern und Knoblauch belegen. Pfeffern und salzen nicht vergessen. Letzte Lage Fisch auflegen. Diese mit restlicher Creme Fraîche, Senf, Tomatenmark bestreichen. Mit Paniermehl bestreuen, Parmesan darüber reiben, Butterflöckchen darauf geben und für 40-50 Min bei 160° in den Ofen. Danach kurz richtige Oberhitze, bis die Kruste goldbraun ist. Dazu gibt es Salzkartoffeln!!!

verschwand urplötzlich in die Kombüse und kam mit einem geöffneten Glas Rote Beete wieder. Schnell tauschte er den verbliebenen Rotwein in Helmuths Glas mit Rote Beete-Saft aus und brachte das Glas wieder in die Kombüse. Gerade rechtzeitig saß er wieder, als Helmuth zurückkam. Mit gänzlich unschuldigem Gesicht saß Alex da – trotzdem aus den Augenwinkeln beobachtend, was Helmuth macht. Auch die anderen versuchten, sich nichts anmerken zu lassen. Ein genüsslicher Zug an der Zigarre und danach ein Schluck von dem vermeintlichen Rotwein folgten. Jeder beobachtete ihn mehr oder weniger offen anschauend – jedoch alle gespannt. Es folgte noch ein Schluck des Rote Beete-Rotweins. Stirnrunzelnd betrachtete er seine Zigarre – zog noch einmal kräftig daran und versuchte zu ergründen, was ihn bei der Geschmackskombination Zigarre und Rote Beete-Rotwein irritierte! Es dauerte einige Zeit, bis er sich mit der Bemerkung äußerte: »Komisch – irgendetwas scheint mit der Zigarre oder dem Rotwein nicht zu stimmen – es schmeckt ein bischen merkwürdig!« Das ist der Moment, wo alle am Tisch lauthals zu lachen beginnen. Helmuth raffte noch immer nichts – bis Werner ihn aufklärte. Seit jenem Abend probierte Helmuth vorsichtig jedes Glas ihm angebotenen Rotwein. Übrigens: Eine Zigarre hatte Helmuth im weiteren Verlauf der Reise nicht mehr angefasst.

Es war zwischenzeitlich 22:00 Uhr geworden und der Nebel war so dick, dass man vom Kastell aus das Vorschiff nur verschwommen wahrnehmen konnte. Um die Positionslaternen hatten sich Lichthöfe gebildet. Die UBENA befand sich auf Höhe Bjerregard vor Dänemarks Küste und steuerte weiterhin einen nördlichen Kurs.

Peter stieg nochmals in den Maschinenraum und kontrollierte die Maschine. Die Kühlwasseraustrittstemperatur zeigte stabile 80° an. Das war etwas beruhigend.

Er kletterte auf das Kastelldeck zum Steuerstand. Niko bediente jetzt die Steuerelemente und betrachtete dabei konzentriert das Radargerät. Hans stand neben ihm und schaute angestrengt in die undurchsichtige Nacht. Mit den Worten: »Ich werde mich ein bisschen aufs Ohr legen. Bitte weckt mich sofort, falls die Temperatur wieder ansteigen sollte. In dem Fall sofort die Drehzahl reduzieren«, verließ Peter den offenen Steuerstand auf dem Kastelldeck.

Der Steuerstand beinhaltet alle wichtigen Anzeigen und Bedienelemente, wie z.B.: Kompass, Ruderlagenanzeiger, Steuerhebel, Fahrhebel, Log, Lot, Windrichtung und -stärke sowie ein zweites Bedienungsgerät für den GPS-Navigator. Für die Motorüberwachung sind Drehzahlmesser, Öldruck- und Kühlwassertemperaturanzeige vorhanden. Darüber hinaus ist der Steuerstand mit einer zweiten Station des Seefunktelefons ausgestattet.

Der nächste Morgen. Der Nebel hatte sich noch nicht verzogen. Am Vorschiff neben der Violine stand Helmuth als Nebelgast (Ausguck). Aber so scharf er und die anderen auch starrten, der Nebel blieb undurchsichtig. Peter stieg in die Maschine und kontrollierte die Motortemperatur. Sie stand weiterhin bei 80°. Hans entschied sich aufgrund des nun wirklich sehr dichten Nebels, Sichtweite etwa 50m, mit weiter reduzierter Drehzahl, 1100/min, zu fahren. Die Geschwindigkeit der Kogge wurde mit 1,5 sm in der Stunde im Logbuch vermerkt. Es wurde weiterhin verstärkt Ausschau gehalten.

Im Salon bereiteten Niko und Udo das Frühstück. Auch Hans zeigte sich. »Wir werden etwa 10:00 Uhr bei der Ansteuerungstonne Thyboron ankommen. Von da sind es nur wenige Minuten bis in den Hafen.«

Wo, zum Teufel, liegt Thyboron?

»Hier wird Dir geholfen«

Logbucheintrag vom 11. Juni
10:35 Uhr Fest an Nordmole Thyboron

Mit Passieren der Ansteuerungstonne verzog sich auch der Nebel und der Hafen von Thyboron kam in Sicht. Begrüßt wurde die UBENA an der Einfahrt des Thyboron-Kanals, das auch gleichzeitig der westliche Eingang zum Limfjord ist, von ziemlichem Fischgestank. Die großzügig um den Hafen verteilten Industrieanlagen ließen keinen Zweifel über die Herkunft der Unbill aufkommen: Es handelte sich um Fischfabriken. Thyboron ist ein Fischereihafen – und zwar der größte an der

Sandaalfischer in Thyboron, bis an die Halskrause beladen mit Fisch

dänischen Nordseeküste. Die Thyboroner Fischereiflotte beträgt zurzeit etwa 35 Seiten- und Heckfänger.

Man nennt ihn Limfjord. Doch er ist kein Fjord, sondern ein Sund. Das Lexikon beschreibt einen Fjord als »… einen weit ins Festland hineinreichenden Meeresarm«, während ein Sund nach der Definition als »… eine enge Meeresstraße oder deren engster Teil bezeichnet wird«. Da der Limfjord Jütland einmal quer von West nach Ost durchschneidet und vom kontinentalen Jütland trennt, ist es somit ein Sund.

Die schiffbare Wasserstraße mit 93 Seemeilen Länge und einer 1.700 km^2 großen Wasserfläche trennt die Nordspitze Jütlands vom Festland ab. Sie erstreckt sich von der Hafenstadt Thyboron im Westen an der Nordseeküste bis zur Stadt Hals am Kattegat im Osten.

In der Umgebung von Aalborg liegen riesige Kalkvorkommen. Daher erhielt der Limfjord seinen Namen, denn das alte dänische Wort für Kalk ist Lim. Bis 1825 war der Limfjord tatsächlich ein Fjord: Als ein Meeresarm reichte er tief von Osten in das Land hinein. Auch die Schlei ist so ein Meeresarm (allerdings ganz anders entstanden als die Fjorde).

Eine verheerende Sturmflut, bekannt als die große Februarflut, durchbrach vom 3. bis 5. Februar 1825 die Landzunge bei Agger Tange zum Limfjord und bildete den Agger Kanal. Er liegt etwas nördlich des heutigen Thyboron-Kanals. In alte Schriften ist immer noch zu lesen, dass bereits in der Wikingerzeit die Nordsee mehrere Male die Landzunge durchbrach und damit den Wasserlauf zu einem schiffbaren Sund machte. Es wird berichtet, dass bereits Knut der Grosse (Herrscher über ein nordisches Großreich, bestehend aus England, Dänemark, Norwegen und Südschweden) im Jahr 1027 Agger Tange auf dem Weg von England nach Dänemark passierte.

Ebbe und Flut auf der Nordseeseite sorgten für Versandungen der Durchfahrt. Aber immer wieder war die Nordsee Verursacher von Durchflutungen der Landzunge – so wie z.B. in den Jahren zwischen 1560 und 1862. Die starken Strömungen am westlichen Eingang zum Limfjord von teilweise 4 bis 6 kn waren die Ursache dafür, dass der Thyboron-Kanal Mitte des 19. Jahrhunderts immerhin eine Breite von 440 Metern erreichte. Bald befuhren die ersten kleineren Handelsschiffe den Kanal. Sie sorgten für einen beträchtlichen wirtschaftlichen Aufschwung in der Region. Es wird berichtet, dass bereits im Jahr 1855 rund 1800 Schiffe den Kanal befuhren. Allerdings gab es wieder mal eine Sturmflut, in 1862, ursächlich dafür, dass die Schifffahrt durch den Agger-Kanal in der Zeit um 1865 aufgegeben wurde. 1875 folgte die vollständige Sperrung des Agger-Kanals und wurde durch den Thyborøn-Kanal ersetzt. Küstenschutzmaßnahmen, wie zum Beispiel regelmäßige Sandvorspülungen, sorgten fortan dafür, dass der Kanal offen gehalten wird.

Seglerführer verschiedenster Art beschreiben den östlichen Zugang zum Limfjord wie folgt: Vom Kattegat bis zu seiner Mitte erscheint der Limfjord eher als breiter und recht flacher Fluss mit vielen Untiefen. In der Mitte des Landes ab dem Ort Loegstoer verbreitert sich der Limfjord. Große Seitenarme gehen vom Hauptfjord ab und der Fjord erinnert hier mit seinen Seehundbänken eher an ein kleines Meer. Mitten im zentralen Fjord liegt die große Insel Mors. Der westliche Teil des Fjords wird durch große offene Wasserflächen, wie die so bezeichnete Nissum Bredning, beherrscht. Viele kleinere Schiffe wählen den Limfjord, der Dänemark zerschneidet, als alternative Wasserstraße, um den weitaus längeren Törn um den Norden Dänemarks über Skagen zu vermeiden.

Maschinenreparatur mit Erfolg

We are the Champions: Kapitän und Chief haben es geschafft

Logbucheintrag vom 11. Juni
16:30 Uhr Reparatur beendet, Probelauf des Hauptmotors an der Pier, i.O.

Kaum war die UBENA fest an der Nordmole vertäut, wurde durch den Chief eine Landstromverbindung hergestellt. Alsbald war Ruhe im Schiff und er konnte mit der Demontage des Motor-Wärmetauschers beginnen. Auch Hans gesellte sich dazu – er war sich nicht zu schade, die Hände schmutzig zu machen. Da der Rückkühler oberhalb des Motors liegt, musste nur so viel Kühlwasser aus dem Motor abgelassen werden, wie unbedingt notwendig (das Wiederauffüllen ist immer langwierig und muss sorgfältig durchgeführt werden, damit sich im Kühlsystem keine Luftblasen bilden können, die wiederum zu Überhitzungen führen).

Doch erst musste das Seeventil geschlossen werden. Die entsprechenden seewasserführenden Leitungen wurden an ihren Flanschverbindungen getrennt. Die Seewassereintrittsseite in den Rückkühler wurde demontiert. Kaum war der Deckel entfernt, konnte Peter schon Verschmutzungen feststellen. Doch die waren nicht die Ursache für die zu hohe Motortemperatur. Nun wurde der zweite Deckel, die Umkehrseite, geöffnet. An diesen beiden sogenannten Kühler-Vorlagen war noch nichts Auffälliges zu bemerken. Jetzt galt es, das Kühler-Rohrbündel aus dem Gehäuse herauszuziehen. Das Ding war schwer und ließ sich nur mit Mühe entfernen. Zu zweit mussten sie das Bündel vorsichtig auf die Flurplatten wuchten. Was sie jetzt zu sehen bekamen, war erschreckend: Die Motorkühlwasserseite war mit einer dicken Schmieröl-Wasseremulsion bedeckt! Auch ein Blick in das Kühlergehäuse zeigte eine dicke Schmierschicht!

Der ölverschmierte Kühler verursacht zu hohe Kühlwassertemperaturen

Kein Wunder, dass die Wärmeabfuhr nicht mehr funktionierte. Mit vereinten Kräften wurde das verschmutzte

Links:
Der Wärmetauscher muss in einer Landwerkstatt gereinigt werden

Rechts:
Hans und Peter beenden erfolgreich die Reparatur

Rohrbündel durch den engen Niedergang an Deck gehievt. Hans nahm Kontakt mit einer lokalen Reparaturwerkstatt auf und etwa eine halbe Stunde später war der Chef der Werkstatt an Bord. Das Kühlerpaket wurde in seinen PKW verladen und man fuhr in die im Hafengebiet liegende Werkstatt. Hier wurde das Rohrbündel mit einem Dampfstrahler auf der Frisch- wie auch auf der Seewasserseite gründlich gereinigt. Danach ging es wieder zurück an Bord. Nach sorgfältiger Reinigung des Kühlergehäuses wurde das Rohrbündel wieder montiert, die Deckel angeschraubt und die Leitungen angeschlossen. Der über dem Wärmetauscher liegende Ausgleichsbehälter wurde bis zu seiner Sollmarke wieder mit Frischwasser aufgefüllt und das Seeventil geöffnet. Aufmerksam kontrollierten Hans und Peter das gesamte System – alles schien dicht zu sein! Der Motor wurde gestartet und nochmals eingehend überprüft. Nach fast 6,5 Std Reparaturzeit lief der Motor wieder. Den beiden war klar, dass damit die Ursache noch nicht behoben war: Es war noch nicht bekannt wie das Motorschmieröl sich Zugang zum Motor-Kühlwasserkreislauf verschafft hatte! Das hieß: weiter verstärkt aufpassen und den Motor im Auge behalten.

Von Hans und Peter nur beiläufig wahrgenommen, hatte sich ein teilweiser Crewwechsel vollzogen. Hermann, Helmuth und Heinz-Herbert mussten wegen anstehender Termine zu Hause aussteigen. Dafür kamen Otto, Gerrit und Bernd.

Mit westlichen Winden, Stärke 5, verließ die Kogge um 16:50 Uhr den Hafen von Thyboron. Der Wind stand gut, und jetzt hätte die Crew eigentlich eine gute Möglichkeit gehabt, für ein paar Stunden das Segel zu setzen. Jedoch Kapitän und Chief hatten sich für eine Testfahrt unter Motor entschieden. Es sollte überprüft werden, ob die Reinigung des Wärmetauschers zum Erfolg geführt hatte. Bei der normalen Drehzahl von 1600/min lag die Motortemperatur bei 80°! Und sie blieb stabil. Es war 20:00 Uhr, als die UBENA im nur 23 sm entfernten Struer am Sydkai im Industriehafen festmachte.

Logbucheintrag vom 11. Juni
20:00 Uhr fest am Sydkai

Hans machte sich auf den Weg zum Hafenkapitän, um die UBENA anzumelden, nach Frischwasser zu fragen und den Mann zu informieren warum sie hier waren. Leider gab es für die Kogge an dieser Pier keine Landstromverbindung. Und so musste der Generator durchlaufen. Das kam bei der Crew natürlich nicht so gut an – ließ sich aber leider nicht ändern. Auch eine Wasserübernahme war hier nicht möglich – im nahegelegenen Yachthafen schon, aber dafür ist die Kogge zu groß, da passte sie nicht rein. Vorsichtshalber gab Peter die Parole aus, mit dem Wasser etwas sparsamer umzugehen: »Ich hoffe, dass wir in Aalborg Wasser übernehmen können!«

Struer besitzt den zurzeit größten Yachthafen am Limfjord.

Bei dem obligatorischen Ankerbier las Bernd der Crew aus dem Dänemark-Reiseführer vor, was es so alles in Struer zu sehen gibt: In der Umgebung gibt es zahlreiche Sehenswürdigkeiten, u.a. den Innenfjord Kilen, der während der letzten Eiszeit gebildet wurde, und das 6.000 ha große Waldgebiet Klosterheden. Struer (ca. 20.000 Einw.) liegt an der Venø Bucht. Vor 150 Jahren lagen hier nur einige Höfe und Häuser. 1917 erhielt der Ort die Stadtrechte. Die Stadt hat sich zu einem wichtigen Industrie- und Handelsort entwickelt. Zu nennen sind die größte Radio- und Fernsehfabrik Dänemarks, Bang & Olufsen, der Schlachthof und Kajakbau. Struer ist gleichzeitig ein hervorragender Badeort, bekannt vor allem wegen Bremdal Strand und Toftum Bjerge. Die

Damkalbskeule und Erdbeer-Mascarpone-Eistorte

Für die Damkeule
2,5 kg Keule, 500 g Lauch, Mohrrüben, Sellerie, Petersilienwurzel, Zwiebeln, 2 Zehen Knoblauch, mehlige Kartoffeln, 50 g Ingwer, Senf, Pfeffer und Salz, Wildgewürzmischung (Fuchs), 500 ml Wildfond, 2 Flaschen Rotwein, Preißelbeeren, Balsamico-Essig, Portwein, Sherry, 250 g Mascarpone

Keule pfeffern, salzen und dünn mit Senf einreiben. Danach gut mit Wildgewürz bepudern, im Bräter in Butterschmalz anbraten. Fleisch aus dem Bräter nehmen. Gemüse und Ingwer waschen, grob zerkleinern (Ingwer in Scheiben), alles in den Bräter geben und anbraten. Mit Fond und Rotwein ablöschen. Keule 'rein und bei 160° im Ofen ca 2,5 Std schmoren lassen (Kerntemp. 75°). Fleisch raus und in Alufolie ruhen lassen. Den Sud mit Gemüse durch ein Sieb passieren und einkochen lassen. Mascarpone unterrühren, 1 Esslöffel Essig, einen guten Schuss Sherry und Portwein und 2 gute Esslöffel Preißelbeeren dazugeben. Mit Pfeffer, Salz und Wildgewürz abschmecken! Dazu Rosenkohl und Knödel.

Für die Eistorte
Tortenboden: 100 g Löffelbisquits, 150 g Butter
Belag : 400 g Erdbeeren, 120 g Zucker, 1 Bio-Zitrone, 3 Eier, 70 ml Himbeergeist, 500 g Mascarpone

Für den Tortenboden die Butter schmelzen, die Löffelbisquits zerbröseln und mit dem Mixer (wenn an Bord vorhanden) sehr fein hacken. Löffelbisquits und Butter gut vermischen. Den Boden einer Springform mit Backpapier auslegen und die Butter-Bisquitmischung darauf mit den Händen oder einem Löffel gut verteilen und zu einem festen Tortenboden zusammendrücken. Bei 200° für ca. 10 Min in den Backofen schieben.

Erdbeeren waschen und putzen (es eignen sich auch gefrorene Erdbeeren) und mit 60 g Zucker mischen, kalt stellen. Zitrone heiß abwaschen, trocken tupfen und die Schale fein abreiben. Den Saft auspressen. Eigelb, Zitronensaft, 1 Tl. Zitronenschale, Himbeergeist und restlichen Zucker in eine Metallschüssel geben und im heißen Wasserbad so lange schlagen, bis eine dickflüssige Masse entsteht (Mixer). Masse aus dem Wasserbad nehmen und so lange rühren, bis sie lauwarm ist. Mascarpone vorsichtig unterrühren. Eiweiß steif schlagen und unter die Mascarpone-Creme heben. Die Hälfte auf dem Boden geben, pürierte Erdbeeren und anschließen restliche Mascarpone-Creme darauf verteilen. Creme und Erdbeerpüree mit einer Gabel spiralförmig verrühren, sodass ein hübsches Muster entsteht. Torte abdecken und ca. 4 Std. in den Tiefkühler stellen. Eventuell 15 Min vor dem Servieren herausnehmen.

Sehenswürdigkeiten der Stadt werden angeführt vom Museum Struer, das auf die Initiative von Johs. Buchholtz (dänischer Schriftsteller) hin gegründet wurde, dessen Haus neben dem Museum liegt und für Besucher geöffnet ist. Das Museum verfügt über eine besondere Bang & Olufsen-Ausstellung. In der Bredgade liegt Gimsinghoved, das Hauptgebäude eines typisch dänischen Gutshofes mit zugehörigem alten Garten, das heute Kulturhaus ist, wo wechselnde Ausstellungen, Vorträge und Musik stattfinden.

Die von Alex zubereite Damkalbskeule schmeckt hervorragend

Die UBENA lag nun sicher und gut vertäut an der Pier. Schon mit Auslaufen Thyboron's hatte sich Alex mit der Vorbereitung des Abendessens beschäftigt. Heute sollte es Damkalbskeule geben – natürlich hatte er das Wild selbst erlegt. Nach gut 2,5 Std stand der Braten auf dem Tisch. Mit Genuss griff jeder zu. Niko hatte einen wahrlich fürstlichen Nachtisch zubereitet: Eine Erdbeer-Mascarpone-Eistorte! Bier bzw. Rotwein rundeten das Essen ab.

An Land zu gehen, lohnte sich nicht mehr. Es war bereits 22:00 Uhr, als sich die Tischrunde auflöste. Hans gab die Route für den nächsten Tag bekannt: »Wir legen um 08:00 ab und fahren bis Aalborg. Wir werden voraussichtlich gegen Abend in Aalborg sein«.

Links:
Alex in seinem Element in der voll eingerichteten Kombüse

Wie angelt man 3,5 Tonnen Dorsch in fünf Tagen?

Muskelkater frei Haus

Schon lange wartete die Crew auf Alex Geschichte, wie und wo er den am Vortag verspeisten Dorsch geangelt hatte. Hier ist sie: »Wir hatten uns für unsere diesjährige Hochsee-Angeltour Island ausgesucht. Gebucht hatten wir bei dem isländischen Angeltour-Anbieter Andree's Angelreisen in Niedernhausen. Von Amsterdam aus flogen wir mit der Island-Air komfortabel mit 35 Kilo Freigepäck nach Reykjavik International Airport. Der Bus von Andree's Angelreisen stand bereit, das Gepäck wurde ruck, zuck verstaut und es ging in einer regennassen Fahrt (es regnet sehr häufig in und um Reykjavik!) zu dem nationalen Flughafen, wo eine Fokker 50 des Veranstalters auf uns wartete. Zum Erstaunen aller Angler brauchten wir (die Kunden von Angelreisen) uns nicht mehr um unser Gepäck zu kümmern. Es wurden alle Gepäckstücke direkt aus dem Bus in die Maschine und am Zielort in den Bus verladen, der uns zu unseren Camps in Bolungarvik bringt. Bolungarvik liegt ganz oben, im Nordosten von Island.

Wir hatten keinen Koffer mehr angefasst und uns darauf verlassen, dass jedes Gepäckstück mit unserem teuren Angelgerät im Camp ankommt. Und jedes Täschchen (Respekt!) kam in unseren Wohnungen an. Und wir mussten unsere Koffer nach dem Zollcheck in Reykjavik nicht mehr in der Hand nehmen! Übrigens, der Zoll auf Island achtet bei der Einreise auf alles, aber nicht auf angelnde Gäste, die was schmuggeln könnten. Fleisch und Molkereiprodukte sind nicht gern gesehen und unser Gepäck mit etlichen Rutenrohren wurde von einem netten Isländer angehalten, weil er wissen wollte, was da drin ist. Als Ulli dann darauf antwortete ›It´s all full with Johnny Walker, bottle for bottle‹, lachte er nur und sagte: ›SeaFishing or FreshWater‹? Weil Lachsangler ihr Gerät desinfiziert haben müssen oder dieses hier machen lassen.

Also, wir Meeresangler sind super organisiert, unkontrolliert und gut gelaunt in unseren Wohnungen in Bolungarvik angekommen.

Wildes, weitgehend unberührtes Island …

Der erste Abend im Camp wurde genutzt, die ersten Nudeln (da noch kein Fisch …) zu verzehren, die Hütten zu beziehen, unser Gerät auszupacken und einsatzbereit zu machen. Viel hatten wir schon von den unglaublichen Angelergebnissen auf Island gehört, aber – stimmen diese Geschichten oder ist es nur das berühmte Anglerlatein?!

Wir sollten Glück haben, unser erster Angeltag begrüßte uns mit herrlichem Sonnenschein und ruhiger See. Nach einem entspannten und reichlichen Frühstück folgte die Bootseinweisung. Ohne Eile, mit Kompetenz und gut vorbereitet wurden die Skipper eingewiesen, mit allem, was dazugehört. Wir hatten ein eigenes Boot, 7m lang , 130 PS Inborder, ca. 16 kn schnell.

Und noch etwas ist erwähnenswert: Die Isländer, zumindest hier in den Westfjorden, sind so organisiert, dass sich jedes Boot beim Verlassen des Hafens bei der Küstenwacht per Funk abmeldet, und die Küstenwache weiß, wie viele Personen mit welchem Boot welchen Hafen verlassen. Der GPS Peilsender an Bord weist den Jungs vor den Bildschirmen den ganzen Tag die Position des Bootes an. Ein 5 sec langer Druck auf den roten Knopf im ›worst-case‹ bedeutet: Hilfe in kürzester Zeit. Wenn alles gut läuft wie bisher, meldet sich der Captain des Bootes wieder im Hafen zurück – das wird nett bestätigt und alles ist gut. Schon nach einem Nachmittag auf dem Atlantik muss ich sagen: Es ist ein gutes und sicheres Gefühl, diese Sicherheit im Äther zu haben, denn wir hatten Nebel, und wäre unser Garmin-GPS ausgefallen, wären wir womöglich in Grönland gelandet und mit Sicherheit nicht in unserem Hafen. Wer schon einmal Schlechtwettersituationen auf dem Atlantik erlebt hat, auch ohne Gefahr, der kann mit mir fühlen, was eine solch sichere Funkverbindung Wert ist.

Das Wetter war, wie bereits erwähnt, gut und wir wollten gleich raus zu den Fanggründen, die in so vielen Vorgesprächen genannt wurden. Nicht weit und nicht tief. 45 min Fahrt, 20-50 m Wassertiefe. Das erste Boot funkte über Kanal 10: Spazieren fahren oder angeln? Na gut, drift setzen und Köder runter …! Nix passiert!

Also, was tun? Zu früh, wie so oft? Oder zu doof, falsche Köder, zu nervös? … keine Antwort. Einer sagt über Funk, weiter raus! 30 Minuten Fahrstrecke weiter raus, und was in den darauf folgenden drei Stunden passierte, entspricht zu 100% dem, was uns erzählt wurde: Biss auf Biss! Ich rede nur von unserem Boot, besetzt mit zwei Anglern aus Ostfriesland. Egal, was wir ausprobierten bzw. experimentierten, brachte Erfolg. Geschätzte 50-80 Dorsche und 10 Steinbeißer sollten unsere Beute sein. Der größte Dorsch, den wir aus der See holten, wog 29 kg!

Jeder Wurf ein Biss: Bis zu 29 kg wiegen die geangelten Dorsche

10 kg Dorsche und 8 kg Steinbeißer waren Standard! Super Meeresangel-Feeling. Da geht mehr! Wir hatten diesen ersten Tag so genossen, dass wir nicht auf die Idee kamen, woanders unser Glück zu versuchen. Wer es glaubt oder nicht, wir hatten in 3 Stunden nicht einmal verholt, der Grund auf dem wir waren zog sich drei Stunden bei etwa 1 kn Driftgeschwindigkeit so dahin, mit Biss auf Biss! Egal was wir auch ausprobierten, an Prototypen, an Naturködern, oder an Altbewährtem, fast jedes Herunterlassen brachte Fisch. Wir wussten ja, hier wurde selektiv geangelt

Ulli kann den Dorsch kaum halten ...

und so war es auch: Chrompilker mit Calamaris am Haken brachten die Steinbeißer. 42 cm Gummifisch war das Beste, er musste schon 600 g wiegen, sonst kam er nicht zum Grund. Die Dorsche bissen auf alles, was in Grundnähe kam. So, wie wir auf unserem Boot angelten, machte es richtig Spaß – auch wenn es zeitweise echt stressig wurde. Wir hatten zwei Ruten mit Naturköder und Shad bestückt, einfach vom Grund etwas hochgekurbelt und mitdriften lassen. Unser Angelmaterial bestand aus Inliner 50 lbs Ruten mit 2 Gang-Multirollen, 0,45 mm geflochtener Schnur und 1,2 mm Flourocarbon-Vorfächer.

Was wir allerdings nicht berücksichtigten, war der kapitale Muskelkater, den wir am nächsten Morgen in den Armen und auch am ganzen Körper verspürten! Aber klagen ging nicht – da mussten wir durch!

Unser erster Tag endete dann mit der Vernunft, um halb acht Ortszeit zu sagen: Hunger! Und genug Fisch! Fisch, der übrigens hier auf Island von uns nicht verarbeitet werden musste. Denn die Boote sind Eigentum der isländischen Partner der Reiseveranstalter und unterliegen den Fangquoten der Fischerei. Somit wird der Fisch, der nicht gegessen wird, in den Fischkisten gelassen und den Fischern übergeben. Tolles System – wir hatten keine Arbeit mit der Fischverarbeitung. Der Isländer wird nicht seiner heimischen Lebensgrundlage beraubt, und wir bekommen bei Abreise unser 20 kg Fischfilet-Paket, aufgeteilt in 10 kg Dorsch und 10 kg Steinbeißer. Und den Dorsch habt ihr verspeist! War doch gut – oder?«

Das musste man Alex lassen: Seine Kochkünste und hier insbesondere seine Fischzubereitung können sich sehen lassen. So manche Hausfrau würde neidisch werden.

Mit Starkwind weiter durch den Limfjord

… und wieder kann das Segel nicht gesetzt werden

Es war Samstag früh. Nacheinander kamen mehr oder weniger verschlafene Männer aus ihren Kojen gekrochen. Die Dusche war nun im ständigen Wechsel belegt. Doch nach einiger Zeit war das morgendliche Reinigungsprozedere geschafft. Alle halfen nun mit und brachten sämtliche Utensilien für ein gutes Frühstück hinunter in den Salon. Auch wenn man an Deck unter einer Persenning sitzt, war es doch an diesem Morgen empfindlich kalt und ziemlich windig. Da sitzt man besser im rundum gemütlichen Salon. Es wurde eine Kette gebildet, denn den steilen Niedergang mit Händen voll beladen mit Aufschnitt, Marmeladen, Kaffee, Milch und Obstsäften runterzusteigen, ist nicht sinnvoll – zu leicht kann man rücklings auf »die Nase« fallen. Natürlich war Udo mit frischen Brötchen vom Bäcker zurück. Niko hatte es sich nicht nehmen lassen, Rührei mit Speck zu braten.

Zum Segelsetzen werden alle Hände benötigt …

Hans gab die Order, dass man um 08:00 Uhr den gastlichen Hafen verlassen wollte: »Wir haben heute ein ganzes Stück vor uns – heute Abend wollen wir in Aalborg sein. Dort wartet ja auch der letzte Crewwechsel«.

Es dauerte nicht lange und die beiden Backen im Salon waren wieder aufgeklart. Oben an Deck waren Udo und Gerrit in der kleinen Kombüse dabei, das Geschirr zu spülen und danach zu verstauen.

»Woher kommt eigentlich der Begriff ›Backen und Banken‹«, fragte Udo die Umstehenden, die den beiden bei der Arbeit

Auf dem Weg zum Weltnaturerbe: Hanklit und Knudeklint

Die beiden spektakulärsten Steilküsten mit Moler (Gesteinsformationen) sind Hanklit auf Mors und Knudeklint auf Fur. Beide gehören zu den internationalen GeoSites und sind Kandidaten für die Aufnahme in die Liste der UNESCO als Weltnaturerbe. Die Aufnahme lässt zurzeit noch auf sich warten.

Die unglaublichen Moler-Landschaften im nördlichen und nordwestlichen Mors und auf Fur sind in Verbindung mit der letzten Eiszeit entstanden, die vor 20.000 Jahren endete. Aber der Moler ist zwischen 53 und 55 Mio. Jahre alt. Im Moler findet man um die 200 Ascheschichten, die zusammen mit Dampf, Lava und Schwefelsäurewolken von den Vulkanen der Vorzeit ausgespuckt worden sind. Im Inneren sind verblüffend gut erhaltene Fossilien in Form von Fischen, Vögeln, Insekten, Holz und Pflanzen zu finden.

Moler und vulkanische Asche

Die Entstehung des Molers begann vor 55 Mio. Jahren. Damals war das ganze Gebiet vom Meer bedeckt und auf dem Meeresgrund bildete sich eine bis zu 60 m hohe Schicht, die aus Kieselalgen und feinem Lehm bestand. Diese weiße Lehmart wird Moler genannt. Geologisch war dieser Zeitabschnitt von gewaltiger vulkanischer Aktivität geprägt. Die Ascheschichten in den Moler-Steilküsten auf Mors und Fur sind die am besten erhaltenen vulkanischen Schichten der Welt aus dieser Periode. Die genauen Schichtablagerungen des Molers können mit einem geologischen Buch verglichen werden, in dem man blättern kann: 1 cm Moler entspricht ca. 250 Jahren.

Eiszeitlandschaft

Bei Hanklit auf Mors hat das Eis den Moler aus der Tiefe aufgeschoben, auf Sand und Kies gesetzt und das Ganze zuletzt als »Inselrücken« in 89 m ü. M. aufgetürmt. Bei Knudeklint auf Fur kann man ein 600 m langes Profil mit deutlichen Molerschichten sehen.

Fantastische Fossilien

An Fossilien lagert hier alles: Von einem meterlangen Tarpun bis zu mikroskopisch kleinen Fischlarven kann man alles finden, z.B. Schnecken, Muscheln, Krabben, Aale und Makrelen. Ganz zu schweigen von unzähligen Insekten wie Mücken, Ameisen, Wespen, Grashüpfern und Schmetterlingen. Sogar Schildkröten gibt es: die große Lederschildkröte von Fur und das am besten erhaltene Meeresschildkrötenjungtier der Welt von Mors. Immer noch tauchen einzigartige Fossilien auf. Die Funde werden im Molermuseum auf Mors und im Fur Museum gezeigt. Auf jeden Fall sehenswert.

aus: Enjoy-Limfjorden.com

In den Molerschichten lagern uralte Fossilien

zuschauten. Es war wieder Hans, der darauf die passende Antwort gab: »Bis zum Ende des 19. Jahrhunderts wurde noch zum Ankündigen des Essens der Ausruf ›Schaffen – Schaffen!‹ verwendet. Dazu musste der Kajütsjunge oder der Kochsjunge durch alle Decks laufen und zweimal laut ›Zum Schaffen, unten und oben schaffen!‹ rufen. Nach und nach wurde dann, vermutlich auf Segelkriegschiffen, das Kommando ›Backen und Banken herunterschlagen!‹ gebräuchlicher. Dabei war gemeint, die aus Platzersparnisgründen eingeklappten, Bänke und Tische aufzustellen. Später wurde daraus, die noch heute übliche, Kurzform ›Backen und Banken‹. Heutzutage wird ›Backen und Banken‹ nur noch bei der Deutschen Marine sowie auf Segel- und anderen Sportbooten verwendet.«

Logbucheintrag vom 12. Juni
08:10 Uhr verlassen Struer Liegeplatz, 08:12 Uhr passieren Struer Hafenausfahrt, steuern Zwangswege Limfjord ostwärts. Versuch, Segel zu setzen, wegen Starkwind / Sturm, westlich 7 bis 8, in Böen 11 und stellenweise hohem Seegang abgebrochen.

Das liest sich im ersten Durchgang völlig undramatisch, doch in Wirklichkeit sah das Bild ganz anders aus. Zwischen Örding Strand und Nyköbing Mors verengt sich der Limfjord bis auf etwa 0,6 sm. Zusätzlich verläuft er hier in mehreren Biegungen. Nach Passieren der Sallingsundbro nahm der achterliche Starkwind bis zu 11 Bft dramatisch zu. Mit Passieren von Glyngore, einem kleinen Fischerhafen an Steuerbordseite, wurde die UBENA von starken Grundseen überrascht! Wenn jetzt der Motor ausfiel, dann sah es für die Kogge schlecht aus – um nicht zu sagen »Ganz Schlecht!«. Nach etwa weiteren 3 sm wird der Limfjord tiefer und die Kogge kam in den breiten und großen, einem See ähnelnden Lögstör Bredning. Hans fiel eine Last vom Herzen!

Auf Fragen der Crew erklärte der Käpt'n: »Grundseen sind sehr gefährlich, weil Schiffe in der sehr steilen, brechenden See querschlagen, kentern und sinken können. Desweiteren kann es auch passieren, dass Schiffe infolge einer Grundsee auf dem Meeresboden aufschlagen können. Hierzu kommt es immer dann, wenn die Wassertiefe zwischen zwei Wellenbergen geringer ist als der Tiefgang des Schiffes. Wir hatten hier während der Passage sehr wenig Wasser unter dem Kiel. Als Grundsee werden Wasserwellen bezeichnet, die im flacheren Wasser steiler und damit höher werden, ehe sie zum Brecher werden. Ursache

dafür ist, dass sich Wellen in flacherem Wasser langsamer als im tiefen Wasser ausbreiten. Im Vergleich zum tiefen Wasser können sie hier doppelt so hoch werden. Grundseen entstehen, wenn die Wassertiefe geringer ist, als die halbe Wellenlänge beziehungsweise etwa fünffache Wellenhöhe. Den Namen haben Grundseen erhalten, weil sie bis in diese Tiefe den Meeresgrund aufwühlen und dann mit Sand durchsetzt sind«.

Starkwind aus westlicher Richtung bringt die Gefahr von gefährlichen Grundseen

Nach einer fast zweistündigen Fahrt unter Motor, der Wind war zum Segel setzen für die Kogge leider immer noch zu heftig, verließ die UBENA wieder die »offene See« und musste sich auf eine weitere Limfjord-Flussfahrt einstellen. An Steuerbord passierte die UBENA Lögstör Kommune. Kurz danach kam die Klappbrücke Aggersundbroen in Sicht. Hans meldete sich bei dem Brückenwärter. Nach dem Öffnen der Klappbrücke konnte das Schiff ohne Probleme passieren. Der Limfjord schlängelte sich nun bis Aalborg in vielen Windungen und der teilweise sehr schmalen, betonnten Fahrrinne die nächsten rund 18 sm hin. Landschaftlich sehr schön. Der Wind hatte sich ein bisschen beruhigt und ab und zu ließ sich auch die Sonne wieder blicken.

Auch der Motor machte keine Zicken mehr – sprich: die Kühlwassertemperatur blieb normal!

Die Klappbrücke Aggersundbroen öffnet sich und das Schiff kann ohne Probleme die Durchfahrt passieren.

Bernd, der Reise-Organisator, übte mit einer Festmacherleine »Pollerwerfen«. Dazu hatte er ein großes Auge an ein Ende der Leine geknotet – es ähnelte ein bisschen einem Lasso. Platz genug war an Deck und ein geeignetes »Ziel« wurde auch gefunden – nämlich einer der beiden Betingbalken auf dem Vorschiff. In ungefähr 5 Meter Abstand ließ er die schwere Leine über seinem Kopf kreisen und versucht sie, nach Cowboyart über das Horn zu werfen. Anfänglich ging es daneben – doch hartnäckig wie Bernd ist, ließ er nicht locker und übte und übte – bis es ihm endlich gelang. Die ganze Aktion war nicht nur Zeitvertreib, sondern hatte auch einen praktischen, sinnvollen Hintergrund: Beim Anlegen kann es hin und wieder vorkommen, dass die Leinen auf die an der Pier befindlichen Poller geworfen werden müssen. Und dafür war es gut zu wissen, einen zielsicheren Leinenwerfer an Bord zu haben. Nun trauten sich auch Werner, Gerrit und Alex. Letzterer schien ein Naturtalent zu sein: Bereits nach dem zweiten Wurf gelang es ihm immer häufiger, die Leine über das Horn zu werfen.

Zur Kaffeezeit zauberte Udo dänischen Kuchen hervor. Kein Mensch an Bord wusste, wo er den versteckt hatte, zusammen mit frisch gebrühtem Kaffee, und für diejenigen die rauchen, war das eine willkommene Pause.

Gegen 17:00 Uhr kam am Horizont die Skyline von Aalborg in Sicht. Um 18:30 Uhr passierte die UBENA die große Eisenbahnbrücke (Limfjordstogbroen); und bereits eine halbe Stunde später wartete die Kogge vor der Klappbrücke Aalborg Limfjordsbroen. Der Revierführer zählt verschiedene Möglichkeiten auf, wie der Brückenwärter zu kontaktieren sei: über Funk, Ton-Signal und mit dem mobilen Telefon. Hans meldete die UBENA über Funk an. Danach dauerte es nicht lange, und die Brücke öffnete sich. Doch da hörte man noch die etwas zweifelnde Stimme des Brückenwärters aus dem Äther: »Are you sure that you can pass the bridge with this boat?« Er spielte auf die Rah der Kogge an. Er wusste natürlich nicht dass die UBENA von einem erfahrenen Käpt'n geführt wurde, der sein Schiff in- und auswendig kannte. Der auch wusste, wie weit er die Rah anbrassen musste, um die kleinste Breite des gesamten Schiffes zu erreichen. Und er wusste auch, wie breit die Brücke in geöffnetem Zustand ist. Zugegeben: Hans musste schon richtig aufpassen, um genau die Mitte der geöffneten Brücke anzupeilen. Der starke achterliche Wind musste ebenfalls berücksichtigt werden. Der Brückenwärter schaute gespannt aus seinem Fenster, als die UBENA sicher die Brücke passierte! Mit zwei kurzen Typhoontönen verabschiedete man sich.

Freizeitbeschäftigung an Bord: mit den Festmacherleinen wird Cowboy gespielt

Der Brückenwärer beobachtete die Passage der UBENA durch die Klappbrücke

Aalborg und sein Aalborger

Was ist dran am »Gamle-Schnaps«?

Logbucheintrag vom 12. Juni
19:30 Uhr fest an Pier Norresundby

Sicher und geschützt lag die UBENA gegenüber Aalborg auf der Nordseite des Limfjord im Norresundby Havn. Für den Hafenmeister Thorben war es das erste Mal, dass er in seiner Amtszeit eine Kogge bei sich im Hafen hatte. Er ließ es sich nicht nehmen, das Anlegemanöver auf der Landseite durch Festmachen der Leinen zu unterstützen. An dem folgenden Ritual des Ankerbieres nahm er teil, und wollte alles über die Kogge wissen. Mit glänzenden Augen und einigen Bieren im Bauch

Liegeplatz der UBENA im Hafen von Aalborg

Aalborgs Hafenmeister und Kapitän Hans verstehen sich gut …

nahm er ein paar Stunden später, Abschied von der Kogge. An der Pier warteten schon Oltmann und Remmer, die Niko und Thomas ablösen. Die beiden fuhren mit Nikos Auto wieder zurück nach Hamburg beziehungsweise nach Emden.

Chief Peter war glücklich: Endlich konnte er den Frischwassertank wieder auffüllen – fast 2,5 m3 wurden gebunkert. Auch der Landstromanschluss war hier kein Problem. Es war schon spät am Abend, als sich die Crew entschloss, nicht an Bord zu kochen, sondern in Aalborg essen zu gehen.

Aalborg wandelt sich – Lebenslust am Limfjord

Nordjütlands Hauptstadt hat sich in den letzten Jahrzehnten zu einer quicklebendigen Metropole gewandelt, die vor Lebenslust brummt. Die alte Hafen- und Handelsstadt am südlichen Ufer des Limfjords, der hier eher einem Fluss gleicht, steckt mitten in städtebaulichen Sanierungsmaßnahmen ehemaliger Hafengebiete. Wichtig ist den Stadtvätern der Erhalt der historischen Bausubstanz. Internationale Industrieunternehmen haben sich hier bereits niedergelassen, denn der Standort liegt günstig. Auch der weltweit operierende Komponentenlieferant für die internationale Schifffahrtsindustrie Alfa Laval, hat hier ein großes Testzentrum errichtet, in dem seine Produkte geprüft werden, bevor sie an die Kunden ausgeliefert werden.

Auf der südlichen Limfjordseite, an der Vestre Havnegade, haben bereits attraktive Eigentumswohnungen mit Fjordblick die alten Industrie- und Gewerbeflächen erobert. In einem ehemaligen und nun umgebauten Zucker-Lagerhaus hat Michael Christiansen mit seinem exklusiven Restaurant »Rosdahl«, am citynahen Strandvejen, ein Mekka für Feinschmecker geschaffen – mit Markthalle, Weinhandlung und Gourmetrestaurant. Fest am Kai vertäut liegt hier auch der mehr als 50 Jahre alte Eisbrecher »Elbjørn«. Bei Sonne schmeckt der frisch angelandete Heringsteller an Deck besonders lecker – bei Schlechtwetter die jütländische Küche im Maschinenraum, der zu einem urigen Restaurant umgebaut wurde. Lars Jeppesen hat sich seinen Traum verwirklicht, und auf einem der höher gelegenen Decks Dänemarks größte Aquavitbar eingerichtet. Und das Steuerhaus wurde durch Rikke Precht zu einem

Glasbläserstudio umfunktioniert. Sie sagt, dass sogar die dänische Königin Margrethe II zu ihren Kundinnen gehört!

Ein paar Schritte weiter, auf der Westseite der Brücke, liegt das alte Restaurantschiff »Prinses Juliana«. Freunde guten Essens und Trinkens sei dieses Gourmetrestaurant, in gemütlicher maritimer Umgebung, wärmstens empfohlen. Peter war anlässlich eines Besuchs in Aalborg, auf dem Restaurantschiff, insbesondere des guten Essens wegen und der tollen Einrichtung, ganz begeistert.

Wer sich für Kunst und Architektur interessiert, dem sei das Utzon Center des weltberühmten dänischen Architekten und Pritzker-Preisträgers Jørn Utzon empfohlen. Es wurde im Mai 2008 eingeweiht. Das 2.400 m² große Multifunktionshaus am östlichen Limfjord beinhaltet Ausstellungsräume, eine Architekturbibliothek, ein großes Auditorium für Konzerte und Konferenzen sowie ein Archiv mit Zeichnungen und Entwürfen des Architekten. Am Ufer des Limfjords entstand von 2010 bis 2013 auf einem alten Kraftwerksgelände am Enghavevej, im östlichen Teil Aalborgs, die von Coop Himmelb(l)au gestaltete Konzertbühne Musikkens Hus. 1.300 Besucher haben in dem aus vier Hallen bestehenden Konzerthaus Platz.

Fest am Kai vertäut liegt hier auch der 50 Jahre alte Eisbrecher ELBJØRN. Bei Sonne schmeckt ein Heringsteller an Deck, bei Schlechtwetter die jütländische Küche im Maschinenraum

Nordjütlands Hauptstadt hat sich in den letzten Jahrzehnten zu einer quicklebendigen Metropole gewandelt, die vor Lebenslust brummt

Aalborgs Stadtväter machten auch vor der Innenstadt nicht Halt. Am J. F. Kennedy Plads ließen sie einen brandneuen Busbahnhof entstehen. Von hier aus führt die neu gestaltete Bummelmeile »Boulevarden« direkt in die Altstadt. Bekanntestes Wahrzeichen des alten Aalborg ist Jens Bangs Stenhus, von einem dänischen Kaufmann 1624 im holländischen Renaissancestil gegenüber dem alten Rathaus erbaut, und mit skurrilen Fratzen, unter anderem eine Maske, die Bangs Gesicht mit ausgestreckter Zunge zeigt, verziert – als Rache dafür, dass er nie in den Rat der Stadt gewählt wurde. Im Erdgeschoss liegt seit mehr als 300 Jahren die älteste Apotheke der Stadt, und in einem der imposanten Gewölbe die gemütliche Weinstube »Duus Vinkjælder«. Wenige Schritte weiter wurde 1437 Dänemarks älteste soziale Einrichtung gegründet: das Helligåndsklostret, heute ein innerstädtisches Refugium mit 25 Seniorenwohnungen und öffentlich zugänglichem Klosterhof. Dom des Stifts ist seit 1554 die Budolfikirche mit sehenswerten Fresken im Inneren.

Wer sich für Kaufhäuser interessiert, sollte sich das Kaufhaus Salling, Aalborgs größtes Warenhaus mit 35 Fachabteilungen, anschauen. Hier saust ein Fahrstuhl in die Unterwelt, wo täglich von 10 bis 17 Uhr viele Strahler per Knopfdruck die Ruinen des Gråbrødreklosters aus dem 13.

Die Jomfrue Ane Gade (Jungfrau Ane Gasse) bildet mit mit 22 Cafés, Kneipen, Bistros, Bars, Rockschuppen und Tanztempeln wie Bombay Barfly »Dänemarks längste Theke«

Jahrhundert erhellen. Das Preisschild für die Liftmünze lässt schmunzeln: 20 Kronen für 250 Kilogramm! Was wohl damit gemeint ist? Entdeckt wurde das alte Franziskanerkloster bei Bauarbeiten auf Aalborgs Shoppingmeile Algade.

Die Aalborger Bürger protestierten heftig, als bekannt wurde, dass man das Traditionshaus Kronen, das Hunderte von Kaffee- und Teesorten sowie grüne Kaffeebohnen zum Selbströsten im Angebot hat, abreißen wollte. Ihr Protest half – das Haus steht heute noch in der Algade 13.

Wer von der Fußgängerzone in die Altstadt-Gasse Hjelmerstald abbiegt, taucht in die Welt des 16. Jahrhunderts ein. Bunte, liebevoll restaurierte Fachwerkhäuschen säumen die Kopfsteingasse, Stockrosen blühen neben den Granitstufen und Spitzengardinen schmücken die Fenster.

Geradezu romantisch wirkt das in 1540 erbaute Renaissanceschloss Aalborghus mit seinem roten Fachwerk und den weißen Wänden. Entstanden jedoch ist der heute letzte erhaltene Wohnsitz eines königlichen Lehnsmannes in Dänemark als Drohung gegen die Bürger und Bauern Jütlands, die sich gegen den König aufgelehnt hatten: Im düsteren Gefängnisloch mussten sie ihre Strafe absitzen. Offensichtlich ist auch die

Architektur, die eine klare Sprache spricht: Die weniger schöne Rückseite weist zur Stadt, die herrliche Prunkfront zum Fjord. Doch dann rückten die Bagger an: Strandvejen und Slotspladsen wandelten sich von einer Hauptverkehrsader zu einer Flaniermeile am Fjord.

Frankreich ist bekannt für seine »Route du Vin«, Deutschland älteste Weintouristik-Route ist die »Weinstraße« und für diejenigen, die den schottischen Wisky kennen und lieben, aber auch für die, die den schottischen Wisky erst kennenlernen möchten, sind die Wisky-Brennereien (Destillieren) entlang des »Whisky Trail« in Schottland zu empfehlen. Und hier, am Limfjord, sollte man die »Snapseruten« verfolgen.

In aller Welt's Munde

Freunde eines guten »Wasser des Lebens« wissen: Der beste Aquavit (lat. aqua vitae) kommt aus Aalborg. Seit 1881 wird er bei Danske Spritfabrikker (Danish Distillers), in der C.A. Olesens Gade 1, nicht weit von Aalborg's Altstadt, gebrannt. Wer an Werksführungen teilnimmt, wird mit einigen Geheimnissen vertraut gemacht. Z.B. dass rund 10 Millionen Liter jährlich nahezu vollautomatisch produziert werden, und dass auch technischer Alkohol, wie z. B. für die Herstellung von Parfüm, aus dem Haus der Danish Distillers kommt. Natürlich wird auch verkostet. Aber die Besucher sollten dabei vorsichtig sein: Immerhin können bis zu 16 verschiedene Sorten, immer aus Kümmel gebrannt und manchmal auch mit Gewürzen aromatisiert, probiert werden. Dazu gehört der goldgelbe »Jubi«, der mit Gagelstrauch aromatisierte »Porse« und der milde »Dild« sowie der »Taffel-Akvavit« von 1846. Wie gesagt: Der bzw. die Besucher sollten den Schnaps vorsichtig genießen. Falls man nicht alle schafft: Der Rest kann im fabrikeigenen Laden gekauft werden.

Wer noch mehr wissen möchte, folgt der touristischen Snapseruten. Diese seit 1998 eingerichtete Route windet sich durch abwechslungsvolle Landschaften mit duftenden Kräutern und Beeren, die dem Schnaps ihren einzigartigen Geschmack verleihen; durch alte Handelsstädte mit ihren Branntweintraditionen, vorbei an Schlössern, Herrenhöfen, Gasthöfen und Klosterruinen, wo die Kräuterschnapsrezepte von Generation zu Generation weitervererbt wurden. Mit der Aussicht auf den Limfjord und das Meer führt die Route an einer Vielfalt von historischen Sehenswürdigkeiten, kulturellen Erlebnissen und familienfreundlichen Attraktionen im Limfjordland entlang. Hier kann jeder, der daran interessiert ist, lernen, wie man selbst einen Kräuterschnaps herstellt. Die dafür gut geeigneten Büsche, Bäume und Beeren befinden

Aquavit-Liebhaber schwören auf Aalborger Schnaps

sich alle in der Umgebung des Limfjords. Das Veredeln von einfachen Schnäpsen ist in Dänemark ein nationales Hobby. Ganze Schnaps-Vereine zieht es in die Natur Nordjütlands, um sich auf die Suche nach Kräuterzutaten zu machen.

Nach dem Essen im Casa Blanca, einem ehemaligen Lagerhaus und heute ein empfehlenswertes Steak-Restaurant, fragte Bernd in die Runde: »Noch ein Absacker gefällig?« Es war nicht weit in die nahe Jomfrue Ane Gade. Sie bildet mit einer Vielzahl Cafés, Kneipen, Bistros, Bars, Rockschuppen und Tanzschuppen »Dänemarks längste Theke«. Die Aalborger behaupten, dass es immer nur ein Meter bis zum nächsten Schnaps ist. Doch dazu ist eine ordentliche Grundlage vonnöten. Die Jungs der UBENA hatten mit einem guten und reichlichen Essen vorgesorgt.

Eine Vielzahl von einfachen bis edlen Restaurants, Cafés oder Bars (rund 300) stillen den kleinen Hunger, verwöhnen mit deftiger Traditionsküche oder begeistern mit Spitzenküche im stilvollen Ambiente. Wer etwas Besonderes in Aalborg sucht, der besucht das edle Mortens Kro-Restaurant, in dem Morten Nielsen, dänischer Koch des Jahres 1996, Schriftsteller und Fernsehmoderator, als Küchenchef am Herd wirbelt – und seine Köstlichkeiten manchmal auch selbst serviert.

Rigg-Reparatur in luftiger Höhe

Die Gordinge sind vertüddelt und weitere Herausforderungen

Logbucheintrag vom 13.6.
10:20 Uhr ab Aalborg

An diesem Tag ließ es die Crew ruhig angehen: Beim Frühstück, Udo hatte wieder frische Brötchen besorgt, wurden die letzten Neuigkeiten mit Remmer und Oltmann ausgetauscht.

Unter Motor verließ die UBENA den Hafen von Aalborg bei westlichem Wind mit Stärke 7-8. Der Himmel zeigte sich locker bewölkt, was heißen soll, dass ab und zu die Sonne durch die lockere Bewölkung lugte. Gut zwei Stunden später erreichte die UBENA bei Hals den östlichen Ausgang des Limfjords, und man konnte die Ostsee »riechen«. Sie »riecht« anders als die Nordsee. Seeleute wissen das.

Die Fahrrinne in die offene Ostsee ist hier mehrfach gut und sehr charakteristisch betonnt: In der Ausfahrtrinne liegen an Steuerbordseite die Doppelleuchtfeuer »Peber og Salt« (Pfeffer und Salz), eine knappe Seemeile weiter östlich passiert

Charakteristische Doppelleuchtfeuer in der Ausfahrtrinne des Limfjords zur Ostsee

Das richtungsweisende Ansteuerungsfeuer »Hals Barre Feuer« vor dem Limfjord in der Ostsee

man die Doppelfeuer Hals Barre, bis endlich nach rund 2,2 sm das Ansteuerungsfeuer Hals Barre Feuer kam und die UBENA auf direktem südlichen Kurs Richtung Greena steuerte. Dänemark hat einige in der See stehende Leuchttürme, die ab 1877 entstanden sind. Das Seglerhandbuch beschreibt das Ansteuerungsfeuer für den Limfjord aus östlicher Richtung, wie folgt: Hals Barre löste 1912 ein Feuerschiff ab und wurde in rund 9m tiefem Wasser errichtet. Basis des Bauwerks ist ein ovaler Eisencaisson mit armierter Betonhülle, der unterhalb der Wasseroberfläche mit Sand gefüllt ist. Seine Außenwand ist oberhalb und bis zu einer Tiefe von 2 m unter dem mittleren Wasserspiegel mit Bruchstein verkleidet. Auf Deck ist der quadratische Eisenturm errichtet. Das fensterlose Kellergeschoss ist nun verwaist, der Maschinenraum leer und die Lotsenquartiere schon lange stillgelegt. In der südlichen Hälfte ist noch ein automatischer Pegel in Betrieb. Im Turm selbst gibt es einen Aufenthaltsraum. Darüber folgt eine Werkstatt, ein Batterieraum, der Raum unterhalb der Laterne und das Leuchtfeuer.

Und wiedermal ließen die Windverhältnisse Segeln nicht zu. Der Eintrag im Logbuch dokumentiert: Segelsetzen wegen starker Böen aus

WNW bis 10 Bft nicht möglich. Auch die See zeigte sich nicht gerade ruhig: Wellenhöhen von bis zu 1.5 m verursachten bei dem einen und anderen an Bord leichtes Unwohlsein. Die waagerechte Position versprach Besserung.

Für Peter wurde es nun endlich Zeit, die Bilgeräume zu lenzen und einen Rundgang durch das Schiff zu machen. Er begann vorn im Kabelgatt. Hier war alles in Ordnung. Die beiden Hydrophorpumpen (Kolbenpumpen mit Druckkessel) für die Frischwasser- und Brauchwasserversorgung im Schiff arbeiteten störungsfrei. Der Frischwassertank war noch gut gefüllt. Die Bilge zeigte kaum Wasser. Beruhigt kletterte er die Steigleiter an Deck und verschloß den Lukendeckel hinter sich. Die nächste Kontrolle brachte ihn in die Kojenräume. Auch hier war die Bilge nahezu trocken.

Kaum an Deck, schrillte der bereits bekannte Temperaturalarm aus dem Kartenhaus. Er quittierte den Alarm und stieg so schnell es ging in den Maschinenraum hinab. Was löste diesmal den Alarm aus? Natürlich galt sein erster Blick dem Kühlwasserthermometer am Hauptmotor. Doch das zeigte beruhigende 80 Grad Celsius. Als er den Blick auf den Hilfsdiesel (Stromerzeuger) richtete und dabei die Seekühlwasserleitung abtastete, hatte er den Alarmverursacher gefunden: Hier war ganz offensichtlich die Temperatur zu hoch – die Rohrleitung war viel zu warm für die momentane Seewassertemperatur der Ostsee! Doch was verursachte die hohe Temperatur? Um eine genaue Untersuchung durchzuführen, musste er den Hilfsdiesel abstellen, doch dann läuft die Bordstromversorgung nur über die Batterie. Peter kletterte aus dem Maschinenraum und informierte den Käpt'n: »Hans, wir haben ein Temperaturproblem, ich muss den Diesel sowie den Hauptmotor abstellen.« Hans wollte wissen: »Was meinst du, wie lange wird das dauern?« »Keine Ahnung, ich muss den Grund finden« »Dann mach man tau« (Plattdeutsch für: dann mal los).

Der Hauptmotor wurde kurz darauf abgestellt und die Belastung des Hilfsdiesels auf Batteriebetrieb umgestellt. Nun lief der Motor im Leerlauf. Peter tastete die Seewasserleitungen vom Motor zurück bis zum Seekasten ab, an dem mehrere Seeventile sitzen. Er kam zu dem Schluss, dass das Seewasseransaugventil nicht richtig saugen konnte, weil sich Fremdkörper davor gesetzt hatten. Das ist durchaus möglich: Erstens befinden sich in der Ostsee zu dieser Jahreszeit ganze Teppiche mit Quallen und zweitens ist Seetang ein häufiger, ungebetener Besucher in den Seekästen.

Die Gordinge haben sich vertüddelt und müssen gerichtet werden …

Peter stellte den Motor ab, es herrschte nun Ruhe im Schiff. Heinz-Herbert kam runter: »Kann ich dir helfen?« »Im Moment weiß ich noch nicht, was ich machen werde, aber erstmal Danke für dein Angebot«.

Auf dem Seekasten im Maschinenraum befinden sich, wie bereits erwähnt, mehrere Ventile für die seewasserseitige Kühlwasserversorgung von Motoren und Feuerlöschpumpe, sowie ein zusätzliches Ventil, welches einen direkten Zugang zum Maschineraum hat. Das Ventil ist aus Sicherheitsgründen mehrfach gesichert. Peter schloss einen passenden Wasserschlauch an dieses Ventil an. Das andere Ende verband er mit einem geeigneten Ventil am Feuerlöschkreislauf. Mit dem Wasserdruck der nun in Betrieb gesetzten Feuerlöschpumpe drückte er in den Seekasten hinein und hoffte, damit die Verstopfung vor dem Ansaugventil zu entfernen. Das ganze Prozedere dauerte rund 30 min. Gespannt startete er den Hilfsdiesel wieder, tastete dabei die Leitungen ab und stellte erfreut fest, dass die Leitung kalt wurde! Mit anderen Worten: Die angebaute Kühlwasserpumpe am Hilfsdiesel saugte wieder – die Verschmutzung vor dem Ansaugventil schien entfernt zu sein. Er schaltete die Elektrik wieder auf Hilfsdieselbetrieb um, und beobachtete konzentriert die Temperaturverhältnisse am Motor. Nach weiteren 30 min. war Peter mit dem Ergebnis der Reinigung zufrieden, startete wieder den Hauptmotor und die Reise konnte fortgesetzt werden.

Doch Hans hatte zwischenzeitlich ein Problem an den Gordingen des Rahsegels festgestellt. Er nutzte die Zeit der Maschinenreparatur, um eine falsch laufende Gording an der backbordseitigen Rahnock zu richten. Da hieß es hoch an die Rah. Mit der Hosenboje wurde nach langen Vorbereitungen zunächst Alex hochgehievt. Trotz Polsterung an empfindlichen Stellen – auch beim zweiten Versuch klappte die Einführung der Gordinge in die oberste Öse nicht. Als zweiter Freiwilliger wurde Heinz-Herbert nach oben gehievt – nach mehreren Anläufen klappte es dann: Ein Meisterstück – und die Voraussetzungen für ein reibungsloses Segelsetzen wurden wiederhergestellt.

Greena und die Fußball-Weltmeisterschaft

Begeisterung auch bei den dänischen Nachbarn

Logbucheintrag vom 13.6.
20:10 Uhr fest an Pilot Pier in Greena

Nach rund zwei Stunden Treiben auf der Ostsee wurde die Reise fortgesetzt. Während der Weiterfahrt gab es keine weiteren Probleme mit den Motoren. Punkt 20:00 Uhr lief die UBENA in den Hafen von Greena ein, und mit einem gekonnten Anlegemanöver über das Achterschiff war die Kogge um 20:10 Uhr fest an der Lotsenpier. Landanschluss herstellen sowie die Motoren stillsetzen ging diesmal sehr schnell. Spielte doch an diesem Abend im Rahmen der Weltmeisterschaft die deutsche Nationalmannschaft gegen Australien.

Nun galt es sich zu beeilen und so schnell wie möglich eine Bar oder Kneipe mit Fernseher zu finden. Zwei Taxis wurden gechartert. Die Fahrer kannten sich logischerweise in Greena aus und wussten auch, wo man das Spiel sehen konnte. Die UBENA-Crew kam einige Minuten nach Spielbeginn in ein, zu dieser Zeit fast leeres, Fitness-Center und in den Genuss, das Fußballspiel in fast voller Länge sehen zu können. Auch die anwesenden Bediensteten des Fitness-Centers freuten sich mit den deutschen Gästen. Mit dem beruhigenden Gefühl, dass die deutsche Mannschaft das Spiel mit 4:0 gewonnen hatte, trat die Crew den rund 2 km langen Rückweg an.

Deutschland gewinnt das WM-Spiel gegen Australien mit 4:0!

Trotz der fortgeschrittenes Tages-, oder besser gesagt Abendzeit, verzog sich Gerrit in die Kombüse und bereitete »was Schnelles«: Erbsen-Eintopf aus der Dose mit Wursteinlage. Richtig zubereitet, beziehungsweise verfeinert, schmeckt so ein Eintopf wunderbar.

Logbucheintrag vom 14.6.
10:30 Uhr Auslaufen Greena

Einhelliger Beschluss: Die Crew wollte als nächsten Hafen Ebeltoft anlaufen. Es war Otto, der diesen Vorschlag machte und auch begründete. Begründen kann er gut: Ist er doch als Richter an einem ostfriesischen Gericht tätig. Darüber hinaus hat er mit seinem eigenen Segelboot die Nord- und Ostsee seit vielen Jahren, vielfach als Einhandsegler, besegelt. Er kannte sich also bestens aus. Mit rund 25 sm war es eine relativ kurze Distanz bis Ebeltoft. Dementsprechend ließen die Koggejungs den Tag ruhig angehen. Bei schräg von achtern auflaufenden westlichen Winden der Stärke 5 kam man endlich dazu, das Segel zu setzen. Die Hauptmaschine wurde abgestellt und augenblicklich herrschte eine herrliche Ruhe auf dem Schiff, nur der Hilfsdiesel summte noch leise – doch das störte kaum.

Das Segel bekam sogar einen richtigen Bauch. Mit etwa 4 kn in der Stunde kam die Kogge ganz gut voran. Leider war die Segelei nur von kurzer Dauer. Grund dafür waren die nötigen Kursänderungen wegen der Umrundung der Ebeltoft-Halbinsel. Um 12:30 Uhr musste deshalb das Segel wieder eingeholt werden.

Mit diesem »Bauch« kommt die Kogge ganz gut voran

Der größte Nachteil der Rahsegel ist, dass damit nicht so hoch am Wind (je nach Bauart des Rahseglers 60°–80°) gesegelt werden kann wie mit Schratsegeln (35°–50°). Ein weiterer Nachteil des Rahsegels ist der hohe Personalbedarf beim Setzen und Reffen. Im Minimum benötigt die UBENA zum Einholen des 200 m² großen Segels vier kräftige Männer. Einer der Gründe, warum auf modernen Segeljachten keine Rahsegel mehr verwendet werden.

Logbucheintrag vom 14.6.
16:00 Uhr fest im Transkibhavn Ebeltoft

Egeltoft liegt auf der jütländischen Halbinsel Djursland an der Ebeltoft Vig, einer Meeresbucht des Kattegat, und gehört zur Gemeinde Syddjurs. Die Stadt lebt in erster Linie von ihrem Yacht- und Fischereihafen,

Der Ortskern Ebeltofts besteht weitestgehend aus historischen Häusern

aber mehr und mehr vom Fremdenverkehr. Hans, Peter und Heinz-Herbert unternahmen einen kleinen Stadtspaziergang und entdeckten dabei, dass der hügelig angelegte Ortskern Ebeltofts noch aus vielen gut erhaltenen, historischen Gebäuden besteht. Das kleinste Rathaus der Welt, »Det Gamle Rådhus«, mit einem alten Gefangenenkeller und die romanisch-frühgotische Kirche bestimmen das seit Jahrhunderten im Grunde unveränderte Stadtbild. Ein Besuch dieser Gebäude ist zu empfehlen. Schiefe Fachwerkhäuser, Kopfsteinpflaster und blühende Stockrosen machen Ebeltoft zu einer der sehenswertesten Städte des Landes. In alten Stadtunterlagen kann man lesen, dass die Stadt ihre Handelsstadtprivilegien im Jahre 1301 erhielt, und damit ist sie Djurslands älteste Handelsstadt.

Aber das eigentlich Besondere an Egeltoft ist der Museumshafen, in dem die historische Fregatte JYLLAND liegt – das längste erhaltene Schiff seiner Art. Die Fregatte nahm während des deutsch-dänischen Krieges am 9. Mai 1864 am Seegefecht vor Helgoland teil, das trotz taktischen Triumphes von dänischer Seite den preußischen Sieg nicht verhindern konnte. Sie ist nun komplett restauriert und mit einer Besatzung aus lebensgroßen Wachsfiguren ausgestattet. Und dieses Museum sowie das Schiff wollte die Kogge-Crew besichtigen.

Rechts:
Der Propeller konnte ausgekuppelt und in einem Schacht hochgezogen werden. Damit wurde unter Segeln der Strömungswiderstand verringert

Man verabredete sich mit dem Hafenmeister Peter Thoms. Er führte die Kogge-Crew durch den Museumshafen und erzählte die Geschichte der JYLLAND.

»Hier seht ihr die JYLLAND, ein historisches Holzschiff, in einem Trockendock unseres Museumshafens liegend. Hier hat sie ihren wohlverdienten Ruheplatz gefunden. Mit 71 Metern Länge, 13 Metern Breite hatte sie eine Verdrängung von 2456 t. Damit gilt sie als das größte erhaltene Schiff seiner Art. Die Fregatte wurde von 1856 – 1862 in der Orlogsvaerft auf Holmen gebaut. Neben dem Dock habt ihr sicher den Holzschuppen, die Seilerbahn, gesehen. Diese Seilerbahn besteht aus Originalteilen von Holmen aus dem 19. Jahrhundert. Die JYLLAND ist die letzte aus Eichenholz gebaute (Schrauben-) Fregatte der dänischen Marine, die zudem noch mit ursprünglichen 44 Vorderladerkanonen bewaffnet ist. Das Schiff war von 1862–1874 als Kriegsschiff im Einsatz. Am 9. Mai 1864 wurde sie zu einem nationalen Symbol, als sie mit einem Volltreffer das Seegefecht gegen die österreichisch-preußische Flotte vor Helgoland entschied. Gegen den Befall durch den Schiffsbohrwurm und ähnlichem wurde der Rumpf unterhalb der Wasserlinie mit Kupferplatten verkleidet. Als Vollschiff hat sie drei vollständig rahgetakelte Masten. Wie ihr sehen könnt, dominieren die enormen Masten (bis zu 53 Meter) und das große Rigg das Schiff. Sie wurde mit einer heute nicht mehr an Bord befindlichen Dampfmaschine ausgestattet. Diese diente jedoch nur als zusätzliche Antriebsquelle, um dem Schiff insbesondere im Gefechtsfall einen windunabhängigen Einsatz zu ermöglichen und somit auch Manöver gegen den Wind zu fahren. Mit dem Maschinenantrieb konnte eine Höchstgeschwindigkeit von 12 Knoten erreicht werden – wobei der Vorrat an Kohlen einen etwa siebentägigen Einsatz ermöglichte.« Bei dem Rundgang durch das Schiff kam die Crew auch zum Deck des Achterschiffs. Vor einem vergitterten Schacht blieb Thoms stehen: »Um den Strömungswiderstand des Schiffes im Wasser zu reduzieren, konnte die zweiflügelige Schiffsschraube von der Propellerwelle ausgekuppelt, und in einem Schacht über die Wasserlinie gezogen werden – kann man hier sehr gut sehen. Schaut euch das Rigg an, hier könnt ihr euch gut vorstellen wie groß die Segelfläche gewesen ist. Unter Segeln – zwischen 2000 und

Der Hafenmeister führt durch das Schiffsmuseum

3000 m^2 Segel konnten gesetzt werden – wurde eine Geschwindigkeit von 15 kn erreicht.

Technisch war die JYLLAND zum Zeitpunkt ihres Stapellaufes bzw. kurz danach bereits veraltet, da zu dieser Zeit der Bau von Kriegsschiffen aus Holz zugunsten des Baus aus Stahl (oder mit einer Panzerung aus Stahl) abgelöst und die Vorderladerkanone durch die Hinterladerkanone ersetzt wurde.

Peter Thoms war in seinem Element, man sah ihm seine Begeisterung an, als er weiter erzählte: »An Bord der Jylland waren damals zwei Schiffsköche. Sie hatten zur Essenszeit alle Hände voll zu tun, denn bis zu 350 Mann Besatzung mussten auf einmal beköstigt werden. Die JYLLAND hatte 1907 ihre Pflicht erfüllt. Sie war ein unmodernes Schiff geworden. Doch was sollte nun mit ihr geschehen? Man hatte verschiedene Male versucht, das Schiff zu verkaufen und abzuwracken. Aber immer wieder gelang es Menschen, die einen besonderen Hang zu historischen Schiffen hatten, die Fregatte für die Nachwelt zu erhalten. 1960 kam das Schiff als Wrack nach Ebeltoft und 1984 in das hier befindliche Trockendock. Ähnlich wie bei eurem Koggefreunde-Verein wurde hier »Die selbstständige Stiftung Fregatten Jylland« gegründet. Ehrenamtliche Mitarbeiter trugen dazu bei, dass sie für insgesamt 230 Millionen Kronen umfassend restauriert werden konnte. Das Ergebnis könnt ihr hier sehen. Historische Schiffe müssen ständig gepflegt werden. Jährlich muss die Stiftung rund 4 Millionen Kronen für den Erhalt aufbringen. Deswegen sind wir über jeden Besucher erfreut, der unser Museum aufsucht«.

Zurück an Bord der UBENA verzog sich Alex in die Kombüse und schaute nach seinem Braten, den er bei kleiner Hitze schon seit rund 1 Stunde in der Röhre hatte. Heute sollte es Roastbeef geben. Die obligatorische Remouladensauce wurde von Werner, dem Bordbarden, zubereitet. Er spendete schon mal ein Bier als »Appetizer«. Die leckeren Düfte ließen Gaumenfreuden ahnen. An den Abwasch dachte natürlich noch keiner.

Der Hafen von Ebeltoft: im Hintergrund das Museumschiff JYLLAND und rechts die UBENA

Der Himmel zeigte sich zu fortgeschrittener Stunde sternenklar. Helmut stand an der Verschanzung (Reling), diesmal mit einem Glas Bier in der Hand und ohne Zigarre, und meinte: »Wie friedlich alles von hier aussieht«. Dem konnte nichts hinzugefügt werden.

Roastbeef mit Bratkartoffeln und Remoulade

1 Roastbeefstrang von Sehnen und Fett befreien, in 2 Teile halbieren, danach mit Salz, Pfeffer, Senf und Badjak einreiben und in Butterschmalz rundherum scharf anbraten. In Alufolie einwickeln und im vorgeheizten Ofen bei 130° C 45-60 min ziehen lassen.

Bratensaft aus der Folie mit zur Remoulade geben!!!

Dazu Bratkartoffeln.

Für die Remouladensauce
6 Eigelb; 500 ml Olivenöl (nicht zu aromatisch); je 1 Esslöffel Senf und Ketchup, Pfeffer und Salz, 1 Bund Lauchzwiebeln, Dill, Petersilie, Schnittlauch, 1 rote Zwiebel, 3-4 Charlotten, je 250 ml Schmand und Schlagsahne

Eigelb vorlegen und Olivenöl langsam und vorsichtig unterschlagen, Zwiebel, Knoblauch und Kräuter kleinhacken und untermischen. Mit den Gewürzen abschmecken! (Bratensaft mit unterrühren), kalt stellen!

Der noch immer sonnige Abend erlaubte es, dass man unter der Persenning auf dem Hauptdeck das Alex-Menü genießen konnte. Sein Roastbeef war wirklich einmalig gut gelungen – natürlich sorgte auch die Werner'sche Remouladensauce für Genuss.

Werner bei der Zubereitung von Roastbeef mit Remouladensauce. Abwasch und Aufräumen ist bei dieser Crew kein Problem: Alle helfen mit

Middelfart: Motorprobleme und kein Ende

Der Motor macht immer noch Schwierigkeiten

Schon frühzeitig am nächsten Morgen um 07:00 Uhr wurde die Maschine startklar gemacht. Der Landanschluss wurde getrennt und der Chief konnte die Meldung an den Käpt'n geben. Um 07:35 Uhr flogen die Festmacherleinen an Deck. Mit Bugstrahlruder und Ruderlagenunterstützung wurde die UBENA von der Pier weggedrückt. Alsbald konnte die Hafenausfahrt angesteuert werden, mit westlichen Winden 3 – 4 verließ die Kogge den sehr interessanten kleinen Hafen mit seiner großartigen Historie. Ungefähr 3 Stunden später veranlasste der auf Nord-West gedrehte Wind Hans, das Segel zu setzen. Minuten später bekam das Segel einen richtigen Bauch und mit rund 4 kn lief die Kogge weiter auf ihrem Kurs Richtung Süden.

Man sprach noch lange über das Erlebte im Museumshafen Ebeltoft. Wie mag die Seefahrt zur Zeit der frühen Segelschiffe bzw. Koggen abgelaufen sein? Hans griff in seine große Wissenskiste und erzählte:

»Zu Zeiten Kolumbus und seiner Zeitgenossen wurde fast ausschließlich nur Küstenschifffahrt betrieben, eine großartige Kunst, die auf jahrhundertealter Erfahrung beruhte und von Generation auf Generation übertragen wurde. Sich aber aus der Nähe der Küsten heraus und über das wohlbekannte Mittelmeer hinaus auf den Ozean zu wagen, jenseits der Straße von Gibraltar, wurde erst durch den technischen Fortschritt ermöglicht. Für die damaligen Schiffe war es auch nicht so einfach, sich auf die offene See zu begeben: Der Laderaum der Schiffe war nur mit Holzbohlen bedeckt, die nicht wasserdicht waren. Sehr viele Schiffe, die in schlechtes Wetter kamen, sanken ganz einfach, denn sie sind mit Wasser vollgelaufen. Heinrich dem Seefahrer sowie den Arabern, die dank ihres Astrolabiums, dem Vorläufer der astronomischen Winkelmesser, die Gebetsrichtung nach Mekka bestimmen konnten, haben die europäischen Entdecker einiges zu verdanken. Bevor aber zuverlässige und brauchbare Hilfsmittel zur Verfügung standen, verging noch sehr viel Zeit. Es gab nur wenige Instrumente und von denen waren auch nur wenige wirklich hilfreich. Eines

Die Ostsee meint es gut mit der UBENA

davon war der Magnetkompass, den es in Nordeuropa zwar bereits seit 1200 gab, der allerdings erst 1907 von dem deutschen Ingenieur Hermann Anschütz zum Kreiselkompass weiterentwickelt wurde und unabhängig vom Magnetfeld der Erde funktionierte.« Er machte eine Pause und nahm einen Schluck Kaffee aus seiner Mug (große Tasse) und erzählte weiter:

»Das über viele Jahrhunderte wichtigste Orientierungs- und Navigationsmittel auf See war aber ein ganz unscheinbares Gerät: der kleine und handliche, äußerst effiziente Wassertiefenmesser, das Lot. Es bestand aus einem an einer Leine befestigten Senkblei, an dessen Unterseite sich eine mit Talg gefüllte Ausbuchtung befand. In ihr blieben Bodenproben wie etwa Schlamm oder Muschelreste haften, sodass der erfahrene Schiffsführer nicht nur die Tiefe messen konnte, sondern auch konkrete Rückschlüsse auf seinen Standort ziehen konnte. Ihr müsst euch das mal vorstellen: Erst 1747 erfand Isaac Newton den Sextanten bevor in den 1990er Jahren die Satellitennavigation in der Standortbestimmung die Oberhand gewann, war der technisch weiterentwickelte Sextant das beherrschende und genaueste Winkelmessgerät für Sonne und Mond, Sterne und Planeten.«

Nacheinander passierte die UBENA mehrere Inseln: Tunø an backbord und Samsø an steuerbord gefolgt von Endelave. Spröde Schönheiten. Winzige Häfen, plattes Land, weite Felder. Vereinzelt grasten Kühe und Schafe. Also keine Reizüberflutung. Es gab kein Muss an Sehenswürdigkeiten. Die dänische Südsee, wie die Gewässer genannt werden, ist eine unvergleichliche Landschaft aus Inseln, Buchten, Sunden und

Belten. Und sie liegt praktisch vor der deutschen Haustür – von der Kieler Förde nur eine Tagesreise entfernt.

Südlich von Endelave schwenkte die UBENA auf einen südwestlichen Kurs und steuerte die Einfahrt zum Kleinen Belt an. Ziel war der Hafen von Middelfart, der nach 45 Seemeilen gegen 16:30 Uhr in Sicht kam. Die sehr starke Strömung bereitete einem deutschen Schoner erhebliche Mühe, an die Pier zu kommen und festzumachen. Die Kogge schaute sich dieses »Hafenkino« in Ruhe an. Als es der Toppsegelschoner nach einigen Versuchen doch schaffte, konnte auch Hans in bewährter Manier gegen die Strömung in die bereits an Land belegte Vorspring »hineindampfen« und mit hart Backbord-Ruderlage die Kogge an die Pier drücken. Achterspring belegen, Vor- und Achterleinen belegen – und das Schiff war fest. Das ganze Manöver hatte etwa 5 min gedauert. Die Schonerbesatzung schaute sich dieses gekonnte Anlegemanöver interessiert an. Peter konnte die Landstromverbindung herstellen und bald war Ruhe im Schiff. Hier hatte die UBENA auch die Möglichkeit, ihren Frischwassertank wieder aufzufüllen.

Es folgte das obligatorische Ankerbier und die Frage nach dem Essentiellen: Küche an Bord oder an Land? Die Crew entschied sich zur Abwechslung mal wieder für einen Restaurantbesuch an Land. Die hier herrschende starke Strömung veranlasste Hans sicherheitshalber als Bordwache auf der UBENA zu bleiben. Gut vertäut war die Kogge – aber man weiß ja nie … Und so steht es auch im:

Logbucheintrag vom 15.6.
16:50 Uhr fest an RoRo-Pier in Middelfart
1 Mann Bordwache wegen starker Strömung.

Der nächste Morgen. Udo hatte es sich wieder mal nicht nehmen lassen, frische Brötchen aus dem nahe gelegenen Ort zu holen. Zwischenzeitlich hatte die Besatzung die beiden Tische im Salon gedeckt. Gerrit brühte den Kaffee auf, der schon erwartet wurde. Das Tagesziel war das in Süddänemark gelegene Sonderburg. Mit rund 50 sm durfte es nicht allzu schwer sein, den letzten Hafen vor Reiseende in Kiel zu erreichen.

Die sehr starke Strömung in Middelfart bereitete einem deutschen Schoner erhebliche Mühe, an die Pier zu kommen und festzumachen

Über Sonderburg nach Kiel

Pünktlich angekommen

Logbucheintrag vom 16.6.
09:50 Uhr Auslaufen Middelfart
Vor Auslaufen Müll (Glas, Dosen und Kombüsenabfälle) an Land ordnungsgemäß entsorgt.

An Segeln ist wieder nicht zu denken: Die See ist glatt wie ein Tuch

Unten:
Einlaufen in Sonderburg unter Segel

Das liest sich völlig unspektakulär – und so war es auch. Wie jeder gute Käpt'n legte auch Hans großen Wert darauf, das Schiff sauber zu halten.

In einem eleganten Bogen drehte die UBENA ihr Vorschiff Richtung Süden und steigerte die Motordrehzahl auf die gewohnten 1.600/min. Der kleine Belt zeigte sich versöhnlich – die See war glatt wie ein Tuch – an Segeln war nicht zu denken an diesem Morgen.

Die Fahrt führte nun durch den sehr biegungsreichen Kleinen Belt auf unterschiedlichen Kursen an den Inseln Brandsø, Bågø und Årø mit SSW-Kurs in die enge Einfahrt des Alsensund, der auf direktem Wege nach Sønderborg führt.

Doch bevor die UBENA Sonderburg erreichte, war »das Wasser mit Steinen gepflastert«! Mit anderen Worten: Der Hauptmotor machte wieder Zicken und meldete sich mit Temperaturalarm! Es war wieder das gewohnte Bild: Das Thermometer zeigte 86° C bei 1.500 Motorumdrehungen pro Minute an! Mit Reduzierung der Drehzahl tastete man sich auf erträgliche 80 bis 82° C heran – das entspricht etwa 1.300

Die Kogge liegt direkt vor dem Sonderburger Schloss

Motorumdrehungen. Die letzten Stunden vor Erreichen Sonderburgs fuhr die Kogge unter ständiger Beobachtung des Chiefs mit dieser reduzierten Drehzahl.

Die Reinigung des Frischwasserrückkühlers in Thyboron hatte also im Endeffekt wenig gebracht. Eigentlich war es klar: Wenn der Wärmetauscher verschlammt ist, musste auch der gesamte Motorkühlraum verschlammt sein. Langsam wurde die Verschlammung aus dem Motor in den Kühler gespült und hatte denselben wieder in seiner Wärmeabfuhr gestört.

Blieb die Frage: Würde es die Kogge noch sicher bis Kiel schaffen – und was sollte während der Kieler Woche geschehen, wo das Schiff täglich von Koggefreunden gechartert wird und deshalb nicht ausfallen durfte? Hans und Peter diskutierten die Situation und kamen zu dem Schluss, der Koggewerft in Bremerhaven die Lage mitzuteilen. Jürgen, der Technikchef, wollte mit Mechanikern und entsprechendem Werkzeug sowie Reinigungsmittel nach Kiel kommen. Man wollte versuchen, den Motor zu spülen. Ob's gelang? Man würde sehen.

Die Fragen der Touristen werden bereitwillig beantwortet

Logbucheintrag vom 16.6.
17:20 Uhr fest in Sonderburg
Strom von Land hergestellt

Wie immer, wenn die UBENA VON BREMEN in einem Hafen festgemacht hat, ist sie ein echter Hingucker. So auch hier in Sonderburg. Man lag direkt vor dem Sonderburger Schloss. Dänen wie auch Touristen bestaunten die Kogge von der Pier her. Die Mutigen unter ihnen fragen, ob man das Schiff betreten und anschauen dürfte. Im Allgemeinen hat Hans nichts dagegen einzuwenden – so auch hier. Bernd und er führten die Besucher durch das Schiff.

Wie es heißt, gehört das Schloss Sonderburg zu den ältesten Profanbauten Südjütlands. Es war der namensgebende Stammsitz des Adelshauses Schleswig-Holstein-Sonderburg und der hieraus hervorgehenden Nebenlinien. Heute dient das Schloss als Museum der Geschichte Südjütlands und Nordschleswigs. Ein besonderer Schwerpunkt wird dabei auf die steten Konflikte um Nordschleswig im 19. Jahrhundert sowie auf die Folgen der beiden Weltkriege gelegt. Im Rittersaal sowie im Innenhof finden Konzerte des Schleswig-Holstein Musik Festivals

Ostfriesisches Pökelfleisch mit Meerrettichsauce

Gegessen wird an Deck unter der Persenning – und beim anschließenden Abwasch packt auch ein Skipper mit an! Danach ist der Abend noch lange nicht zu Ende …

5 kg Pökelfleisch (beim Schlachter vorbestellen!) mit 3 kleinen Tüten Heringsgewürz in einem großen Topf zum Kochen bringen und auf kleiner Flamme zart kochen (das dauert etwa 2–2 1/2 Stunden, je nach Größe der Fleischstücke). Das Fleisch soll zart sein, aber noch Struktur behalten, also gelegentlich mit der Fleischgabel prüfen. In etwa 1 cm dicke Scheiben aufschneiden.

Für die Meerrettichsauce:
125 g Butter zerlassen und mit 100 g Mehl eine Einbrenne herstellen. Mit 375 ml Milch, 375 ml Sahne und 750 ml Brühe (Kochflüssigkeit vom Pökelfleisch, vorher durchsieben!) ablöschen. Gut durchrühren, sonst gibt es Klumpen! 15 min. köcheln lassen, dann mit 400 g scharfem Meerrettich (aus dem Glas, am besten den bayerischen), 3 Teel. Zucker und einigen Spritzern Zitronensaft abschmecken. Achtung: keinen Sahne-Meerrettich verwenden!

Dazu gibt es Salzkartoffeln, Rote Bete, eingelegten Kürbis und Senfgurken

Sonderburg im Abendlicht von der Kogge aus gesehen

statt. Bei einem abendlichen Spaziergang konnten Peter und Udo, ganz in der Nähe des Schlosses an den Düppeler Schanzen, die Mühle von Düppel, welches ein dänisches Nationalsymbol ist, und das Historiecenter Dybbøl Banke, das die Vorgeschichte, den Verlauf und die Auswirkungen des Deutsch-Dänischen Krieges von 1864 auf Steintafeln dokumentiert, erlesen.

Es wurde Zeit für die beiden, zurück zur Kogge zu gehen. Es war der letzte Abend vor Reiseende. Gerrit hatte sich für diesen Abend ein besonderes Essen einfallen lassen: Er kündigte original ostfriesisches Pökelfleisch mit den entsprechenden Beilagen an! Schon am späten Nachmittag hatte er sich in die Kombüse verzogen und mit den Vorbereitungen begonnen. Udo und Werner assistierten ihm.

Unter dem Beifall der Crew wurde mit dem Ankerbier angestoßen.

Das Wetter zeigte sich an diesem Abend von seiner besten Seite: angenehm warm und immer noch Sonne. Es wurde wieder an Deck gegessen. Und natürlich getrunken. Besonders auf die Köche wurde angestoßen. Gerrit hatte nicht zu viel versprochen: Sein Pökelfleisch schmeckte wunderbar. Es dauerte noch lange, bis die Back abgeräumt wurde. In der kleinen Kombüse türmten sich alsbald Berge von schmutzigen

Töpfen, Pfannen und Geschirr. Doch bei dieser Crew gab es keine Probleme mit dem Abwasch: Einer spülte, einer trocknete ab und einer räumte alles wieder an seinen Platz.

Der Rest der Mannschaft saß bei Wein oder Bier am Tisch und klönte. Bis auf einmal Udo mit seinem Akkordeon erschien. Mit den ersten Tönen kam auch Mitsing-Stimmung auf. Aber das war so eine Sache für sich: Kaum einer an Bord kannte die Texte von Shantys (Seemannslieder mit Refrain). Doch Udo hatte vorgesorgt: Er verteilte Kopien mit umfangreichem Textmaterial. Hans liebte den Shanty über Molly Malone »Cockles and Mussels«, den er als Vorsänger anstimmte, die anderen summten mit:

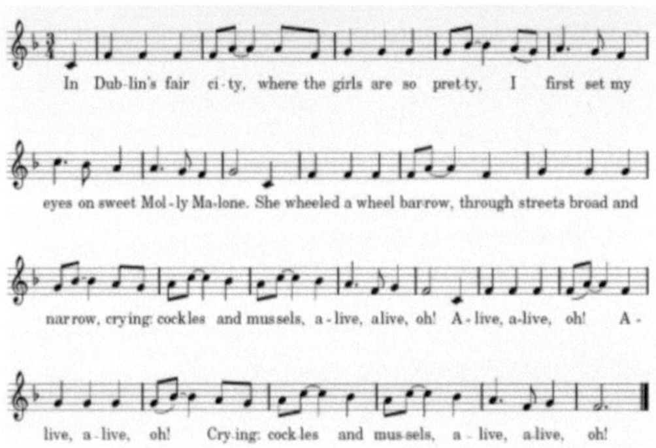

Udo und Hans geben den Ton an: Molly Malone – das Lieblingslied des Kapitäns

In Dublin's fair city, where the girls are so pretty
I first set my eyes on sweet Molly Malone.
As she wheeled her wheelbarrow
through streets broad and narrow
crying: »Cockles and mussels, alive, alive – oh!«
She was a fishmonger but shure 'was no wonder
Fore so were her father and mother before.
And they each wheeled their barrow
through streets broad and narrow
crying: »Cockles and mussels, alive, alive – oh!«
She died of a fever and no one could save her
and that was the end of sweet Molly Malone.
But her ghost wheels her barrow
through streets broad and narrow
crying: »Cockles and mussels, alive, alive – oh!«
Refrain and Chorus:
Alive, alive – oh, alive, alive – oh!
crying: »Cockles and mussels, alive, alive – oh!«

Waren erstmal die Stimmbänder geölt, ging es auch gleich besser. Es wurden noch viele Shantys an diesem Abend gesungen. Irgendwann gab Hans den Auslauftermin für 04:00 Uhr bekannt. »Dafür benötige ich vier Freiwillige, Peter bitte die Maschine für 04:00 Uhr klarmachen«.

Logbucheintrag vom 17.6.
Auslaufen Sonderburg

Mit südlichem Kurs verließ die UBENA bei spiegelglatter See am nächsten Morgen Sonderburg. Die rund 43 sm Distanz wollten wir in 7 Stunden schaffen. So die Vorhersage von Hans. Das Wetter blieb schön. Südlich der Schleimündung war die Bundesmarine mit Sprengübungen beschäftigt. Über Funk wurde die UBENA informiert, dieses Gebiet weiträumig zu umfahren.

An Bord der Kogge begann das große »Reinschiff machen«. Das Deck wurde gewaschen, die Leinen wurden ordnungsgemäß aufgeschossen, und die Kombüse sorgfältig gereinigt. Alles war klar für die

Vor Einlaufen Kiel wird das Schiff gründlich gereinigt

Übergabe an die nächste Crew, die während der Kieler Woche bei Tages-Gästetouren an Bord sein würde.

Es kam genauso, wie Hans es im Voraus berechnet hatte. Um 10:30 Uhr passierte man die Hornbrücke in Kiel und um 11:00 Uhr lag die UBENA VON BREMEN, wie immer während der Kieler Woche, an ihrem Stammplatz.

Nach insgesamt 562 Seemeilen, wovon leider nur 30 sm unter Segel gefahren werden konnten, hatte der diesjährige Koggetörn mit der Emder Gruppe, geplant und organisiert von Bernd Bessau's Ossitours, sein Ende gefunden.

Die Maschinenanlage hatte während der Reise einige Schwierigkeiten bereitet, die aber immer wieder behoben wurden, so dass man die Reise fortsetzen konnte. Aber auch solche Dinge, die nicht unbedingt dazu gehören, konnten bewältigt werden.

Oben:
Steuermann Thomas hört eine Seewettermeldung ab

Unten:
Mengen von Gepäck warten auf den Heimtransport

Unterm Strich war sich die Mannschaft aber einig: Sie alle würden, wenn es das geben würde, bis ans Ende der Welt segeln!

Logbucheintrag vom 17.6.
Fest im Germaniahafen, Kiel
Ende der Reise

Ein Team:
Die Crew der UBENA VON BREMEN verlässt das Schiff

Anhang

Teilnehmer der Reise

Hans-Joachim Möller,
Kapitän der ersten Stunde auf der
UBENA VON BREMEN

Thomas Bock,
1. Steuermann auf dieser Reise.
Verließ die Kogge in Aalborg

Peter Pospiech,
Chief – wurde von der
Maschinenanlage immer wieder geärgert,
ließ sich aber trotzdem nicht aus der
Ruhe bringen

Dr. Bernd Bessau,
Organisator der Reise –
machte Nautik mit Straßenkarten

Niko Reisch,
Bordelektroniker,
machte super Frühstück mit Rührei

Heinz-Herbert Dierks,
klärte »vertüddelte« Gordinge
und versichert alles gegen Brände

Oltmann Bunger,
hat seinen Traum vom eigenen Flugzeug
wahrgemacht

Remmer Edzard,
sorgte für Ordnung an Bord

Otto Hüfken,
im wirklichen Leben Richter

Helmut Schaer,
Bordarzt und Motocross-Fahrer

Udo Kühn,
Senior an Bord und Brötchenholer

Werner Minks,
Alleinunterhalter mit Gitarre und jede Menge »Döntjes«

Gerrit Symen,
wenn nicht zuhause, dann auf Weltreisen

Hermann Weerda,
Jäger und Anwalt

Alexander Veit,
eigentlich Apotheker – aber an Bord ein fantastischer Koch

Glossar der seemännischen Begriffe

Astrolabium
Das nautische Gerät war im Mittelmeer schon um 150 v. Chr. in Gebrauch und diente bis ins fünfzehnte Jahrhundert der Berechnung der Zeit und der geografischen Breite durch das Messen des Höhenwinkels eines Gestirns. Abgelöst wurde das Astrolabium durch den Jakobstab und schließlich den Sextanten.

Auflanger
Obere »Rippe« eines Schiffes. Der Auflanger stabilisiert die Bordwand.

Aufgaien / Auftuchen
Aufholen des Rahsegels zum Festmachen unter der Rah mit Hilfe der Geitaue.

Aufschießen einer Leine
Unter dem Aufschießen einer Leine versteht man das Zusammenlegen von Tauwerk (Leinen) in Schlaufen (Törns), um es als Bunsch so zu verstauen, dass es für die nächste Benutzung jederzeit wieder einsatzbereit ist.

Ausstraken
Mit Straklatte und Strakgewichten werden die Kurven eines Linienrisses des Bootskörpers festgelegt und gezeichnet.

Belegnagel
Ein Belegnagel ist ein kurzer, oben meist abgerundeter und unten verjüngter Stab, der auf Segelschiffen verwendet wird, um an ihm die Taue des laufenden Gutes zu belegen, d.h. festzumachen. Belegnägel werden in dafür vorgesehene Halteeinrichtungen gesteckt, in die sogenannten Nagelbänke, für die oft eine Geduld (Querbalken zwischen Betingen) genutzt wird. Belegnägel wurden zunächst in Holz, seit den 1830er-Jahren auch zunehmend aus Metall gefertigt.

Betinge
Stützbalken, Poller.

Bilge
Kielraum, in dem sich Wasser sammelt.

Bonnet
Ein Verlängerungssegel, das am Fuße des Stammsegels mit einer durch Ösen führenden Leine angeschlagen wird.

Brasse
Leine zur beidseitigen Richtungsänderung der Rah.

Bratspill
Eine Winde mit waagerechter Welle, unter anderem zum Aufholen des Ankers.

Etmal
Zeit von Mittag bis Mittag (und die in dieser Zeit zurückgelegte Strecke).

Fender
Abstandshalter zwischen Pier und Schiff bzw. Schiff und Schiff, der Beschädigungen an der Außenhaut eines Schiffes beim Liegen an der Pier verhindern soll.

Gangspill
Eine Winde mit senkrechter Welle, deren Bedeutung auf Koggen noch durch Versuche ermittelt werden muss.

Germanischer Lloyd
Klassifizierungsgesellschaft (seit 1867), die entsprechende Bauvorschriften für Schiffe herausgibt, auf freiwilliger Absprache deren Einhaltung überwacht und dem so geprüften Schiff eine entsprechende Klasse verleiht.

Hahnepot
Mehrere Stränge, die hahnenfußartig gespreizt eine Last angreifen.

Halsen
Leinen, die am luvseitigen unteren Ende eines Rahsegels angeschlagen werden. Mit ihrer Hilfe wird das Segel nach vorn geholt. Außerdem Wechsel der Windseite bei achterlichem Wind unter leichter Kursänderung.

Juffern
Blöcke, über die das bewegliche Tauwerk läuft.

Kabelgatt
ein begehbarer Raum im Vorschiff, der als Lagerraum genutzt wird.

Kalfatern
Abdichten von Nahtstellen u.a. mit geteertem Werg und Pech.

Knoten
»Knoten« in der Logleine, mit denen die Schiffsgeschwindigkeit gemessen wurde (angegeben in Seemeilen pro Stunde).

Kreuzen
Richtungsänderung aufgrund der Windsituation, um dennoch das gewünschte Ziel zu erreichen.

Laminat
Fasermaterial aus Glasseidenmatten oder ähnlichem Stoff, das mit Harzgemisch getränkt ist, dessen entsprechende Natur die Verarbeitung ermöglicht.

Lateralplan
Unterwasserteile eines Seglers, deren Fläche der Abdrift durch den Wind Widerstand leistet.

Lateinsegel
Das dreieckig gearbeitete, auf der Spitze stehende Latein- oder Lateinersegel machte Schiffe wendiger als das viereckige Rahsegel. Die Mittel- und Nordeuropäer nannten es so, weil sie es bei den »Lateinern« vorfanden.

Laufendes Gut des Segels
Das bewegliche Tauwerk zum Setzen und Einstellen der Segel. Es dient zur Handhabung der Rah und des Segels. Laufendes Gut wird z.B. durch Blöcke, Taljen oder Leitösen (Augen) bewegt. Dazu gehören:

a) Schoten
(3 x Bb-, Stb- und Mittelschot / Niederholer). Sie dienen zur Regulierung der Stellung des Segels zum Wind. Bb- und Stb-Schot

sind an den unteren äußeren Ecken des Segels angeschlagen. Sie laufen vom Segel zum Kastelldeck auf der jeweiligen Seite nach Achtern und werden auf der Nagelbank Achtern belegt (gegebenenfalls auch auf den Belegnägeln Achterkante der jeweiligen Seite). Die Mittelschot / Niederholer ist in der Mitte des Segels angeschlagen und wird auf der Nagelbank am Mast belegt.

b) Geitaue

(2 x jeweils Bb und Stb). Sie werden von der Nagelbank am Mast über die Rah und das Seitenliek (Seitenkante des Segels) an die äußere untere Ecke des Segels geführt. Es sind Taue / Leinen die das Segel an die Rah heranholen, damit es aufgetucht werden kann.

c) Gordinge (Bauchgordings)

(jeweils 5 x Bb und Stb). Mit ihnen wird das Segel eingeholt (geborgen). Sie sind am Unterliek (Unterkante) des Segels angeschlagen. Gording 1 und 2 werden auf der Nagelbank am Mast und Gording 3, 4 und 5 auf der Nagelbank am Schanzkleid belegt.

d) Hals oder Halse

(2 x jeweils Bb und Stb an der äußeren Ecke des Segels angeschlagen). Die Halsen sind das Gegenstück zu den Schoten und werden nach Vorn geführt. Sie sollen eine große Bauchigkeit des Segels verhindern. Das Seitenliek wird somit nach unter gezogen. Die Halsen werden gewöhnlich auf den Nagelbänken am Schanzkleid belegt. Bestimmte Segelstellungen können es schon mal erforderlich

Seitenriss der Kogge

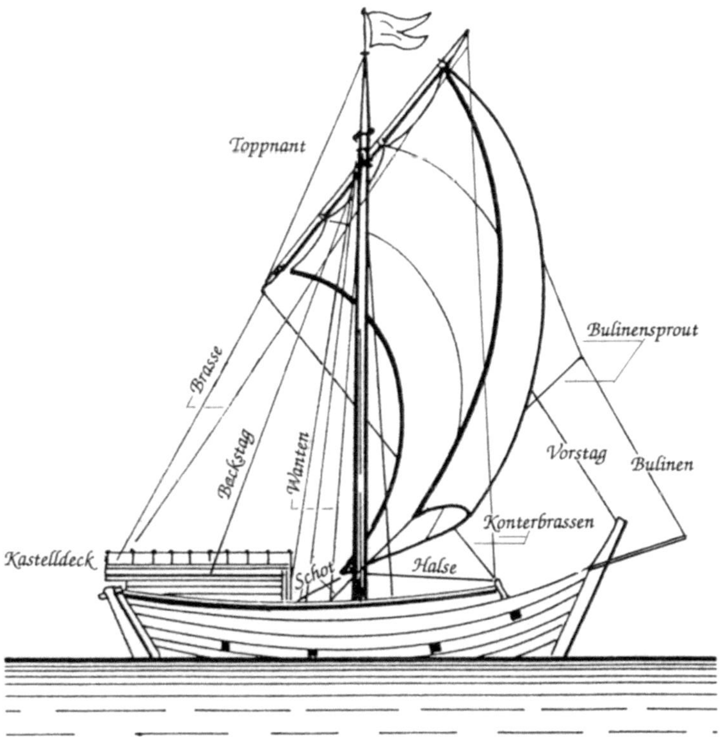

machen, dass eine Hals an der Violine und eine an der Nagelbank auf dem Kastelldeck belegt werden muss.

Das »Laufende Gut« der »Rah« gliedert sich wie folgt:

a) Hanger
zum Aufstoppen der Rah mittels Bratspill (Hanger und Hangertalje sind gesichert).

b) Rack
zur Befestigung der Rah mit ihrer Mitte vor dem Mast. Das Rack wird auf der Nagelbank am Mast belegt.

c) Toppnanten
(2 x vorhanden / jeweils über Masttopp (Mastspitze) zur Rahnock (Rahenden) geführt). Mittels der Toppnanten wird die Rah in ihrer horizontalen Lage gehalten. Durch die Toppnanten kann die Rah aber auch aufgetoppt, d.h. aus der horinzontalen Lage schräg gestellt werden. Die Toppnanten werden jeweils auf der Nagelbank an der Kastellreeling (Bb und Stb) belegt.
Hanger und Toppnanten nie von den Nagelbänken lösen, da sonst die Rah herunter fällt

d) Brassen
sind achtern an die Rahnock angeschlagen (befestigt), jeweils Bb und Stb. Mit den Brassen wird die Rah in ihrer horizontalen Lage geschwenkt und in die gewünschte Segelstellung gebracht. Die Brassen werden über die Blöcke auf die Reeling des Kastelldecks geführt und auf den Nagelbänken der jeweiligen Seite belegt.

e) Konterbrassen
halten die Rah nach vorn in der jeweiligen Segelstellung. Sie sind an der Rahnock nach vorn angeschlagen und werden auf den Springernagelbänken belegt (jeweils Bb oder Stb).

Lee
Die dem Wind abgewandte Seite.

Liek
Kante eines Segels mit den Bezeichnungen Oberliek, Fußliek, Vorliek und Achterliek.

Linienriss
Konstruktionszeichnung für die äußere Form eines Bootskörpers bestehend aus Längsriss, Spantenriss mit mehreren senkrechten und querschiffs verlaufenden Ebenen, in denen, halbseitig vom Hauptspant ausgehend, rechts die Spantenkonturen des Vorschiffs, links die des Achterschiffs dargestellt werden. Ferner gehören zum Linienriss der Wasserlinienriss und der Sentenriss, also die Darstellung der Umrisslinien eines Schiffskörpers.

Luggersegel
Moderne Form des Lateinsegels, ein viereckiges Schratsegel, das von einer Rute gehalten wird.

Luv
Dem Wind zugewandte Seite.

Mastschuh
Lager für den geneigt stehenden Mast.

Mayday
Kennwort für den Seenotsfall im internationalen Seefunkdienst. Englische Aussprache des französischen »M'aidez!« (»Helfen Sie mir!«)

Prahm
Flaches, kastenförmiges Boot, das als Arbeits- und Transportfahrzeug gebaut wurde.

Persenning
imprägniertes Gewebe, das für wasserfeste Abdeckungen genutzt wird.

Rah
Auf dem Rahsegler hält die Rah, eine kräftige Spiere, das Oberliek eines Segels. Sie ist an der vorderen Seite des Mastes etwa in der Mitte befestigt, in der Höhe verstellbar und seitlich schwenkbar.

Raumer Kurs
Auf raumem Kurs segeln, das heißt vor dem Wind.

Rigg
Die Besegelung eines Schiffes mit Masten, Segeln, Spieren, Stagen, Fallen und Beschlägen.

Schanzkleid / Verschanzung
Geschlossene Reeling. Es hatte im Segelkriegsschiffzeitalter eine taktische Schutzfunktion im Gefecht mit anderen Schiffen sowie eine Schutzfunktion vor Wellengang und Wind und ist somit auch heute noch auf zivilen und militärischen Schiffen anzutreffen.

Shiften
Die Position des Segels, früher auch des Ballastes, verändern.

Spieren
Alle Rundhölzer (Stangen) mit Ausnahme des Mastes.

Sponung
Einschnitt z.B. im Balkenkiel, im Vorder- und Achtersteven, der so beschaffen ist, dass die Planken der Außenhaut einlaufen können, ohne dass Kanten überstehen.

Stag
Vorrichtung zum Stützen des Mastes (Vorstag, Achterstag, Backstag).

Stehendes Gut
Feste Teile des Riggs, Verstagungen, zur Stützung des Mastes.

Strak
Fehlerfreier Kurvenverlauf der Schiffslinien im Sprung, der Scherlinie bzw. der Wasserlinie eines Linienrisses.

Stringer
So nennt man einen Längsverband im Schiffsinnern und auf Deck.

Talje
Flaschenzug, der das Arbeiten mit schweren Segeln und anderem Gut erleichtert.

Threnus
Querbalken im Achterschiff, der durch die Bordwand stößt.

Tiefgang
Der Abstand von der Wasserlinie bis zum tiefsten Punkt des Bootes.

Treideln
Das Bewegen eines Bootes durch Menschenkraft oder mit Pferden vom Ufer aus auf Treidelpfaden.

Violin-Block
Ein Violinblock ist eine Sonderform des Mehrscheibenblocks. Es befinden sich zwei verschieden große Scheiben auf verschiedenen Achsen in einem Gehäuse. Der Name leitet sich von der Gehäuseform solcher Blöcke ab, die meist entfernt an den Klangkörper einer Violine erinnert. Violinblöcke werden häufig für Baumniederholertaljen auf Segelyachten verwendet.

Wanten
Seitliche Abstützung des Mastes.

Wegerung
Innenplanken, die lose aufliegen oder auf die Wrangen bzw. Auflanger genagelt sind.

Wenden
Kursänderung, bei der das Schiff mit dem Bug durch den Wind geht und von einem »Bug« auf den anderen dreht.

Wrangen
Die mittleren »Rippen« eines Schiffes. Sie liegen auf dem Kiel, stützen den Schiffskörper und halten hier die Planken der Bordwände zusammen.

Quellennachweis

Archiv Hanse-Koggewerft e.V.

Enjoy-Limfjorden.com

Baumann, P.: Abenteuer Hanse-Kogge, Stuttgart 1992.

Schäuffelen-Böhm: Die letzten großen Segelschiffe, Bielefeld 2001.

Warnecke, H.-J.: 5000 Jahre Innovation, Hamburg 2005.

Werner Kinkartz: 130 Jahre Wasser- und Schifffahrtsamt Bremerhaven. In: Wasser- und Schifffahrtsdirektion Nordwest (Hrsg.): Zwischen Weser und Ems, Ausgabe 2006 (Heft 40), S. 25–31.

Danksagung

Die meisten Besatzungsmitglieder des vorliegenden Buchs »Hanse-Kogge in Sicht« wurden in den einzelnen Kapiteln erwähnt. Sie haben zum Gelingen des Buchs beigetragen. Einige blieben im Hintergrund. Insbesondere gilt mein Dank den Köchen während der Reise, die mir ihre Rezepte für dieses Buch zur Verfügung gestellt haben, die da sind Alex Veit, Gerrit Symen, Niko Reisch und Werner Minks. Jeder hatte mir bereitwillig auf meine vielen Fragen geantwortet und mich ermuntert, dieses Buch zu schreiben. Mein Dank gilt auch Dr. Bernd Bessau von Ossitours, der diese Reise geplant und organisiert hat.

Mein besonderer Dank gilt der Schiffsführung Kapitän Hans-Joachim Möller, der mich bei der Motorreparatur tatkräftig unterstützt hat, und sich nicht zu schade war, sich die Hände schmutzig zu machen.

Bedanken möchte ich mich auch bei dem Leiter der WSA in Bremerhaven, Herrn Werner Kinkartz, der mich mit Informationen zur Befeuerung der Weser versorgt hat.

Apotheke
Bacciocco
MEHR GESUNDHEIT FÜR
JÜLICH UND UMGEBUNG
3X IN JÜLICH UND UMGEBUNG
WWW.APOTHEKE-BACCIOCCO.DE

Jörn Rickmers
Jörn Rickmers
Outdoor- & Wassersportmode
HELGOLAND
Voll egal
was für'n Wetter
draußen ist.
Alle Artikel zum Inselpreis.
Sie sparen bei uns
immer 19% MwSt.
THE NORTH FACE
MUSTO PERFORMANCE
Bergans
Wellensteyn
Jack Wolfskin
CAMP DAVID
just explore
FJÄLL RÄVEN
Foto: bergans
Wir sehen uns.
Jörn Rickmers Outdoor- & Wassersportmode
Bootstankstelle GmbH | Geschäftsführer Joachim Gehrmann
www.rickmers-online.de
info@rickmers-online.de
Hafenstraße 1105 | D-24498 Helgoland
T. +49 4725-640674 F. +49 4725-640677

Impressum

Bildnachweis

A. Veit: 4u, 84, 85, 86;
Archiv Stralsund: 16;
Deutsches Schiffahrtsmuseum Bremerhaven: 10, 12, 13, 17;
Enjoy-Limfjorden.com: 91;
Hanse-Koggewerft e.V.: 14, 15, 21, 141;
U. Hofmann: 8;
Verlagsarchiv: 3, 23;
W. Minks: 53;
WSA-Bremerhaven: 37, 39, 42

Alle übrigen Bilder (auch auf dem Umschlag) stammen von Peter Pospiech.

1. Auflage 2014

ISBN 978-3-95494-056-1
www.edition-falkenberg.de

www.edition-falkenberg.de